好书精读
Master 15′

商业新闻出版公司和轻松读文化事业有限公司提供内容支持

为什么
我的企业长不大

轻松读大师项目部　编

中国盲文出版社

图书在版编目（CIP）数据

为什么我的企业长不大：大字版 / 轻松读大师项目部编. —北京：中国盲文出版社，2017.10

ISBN 978—7—5002—7863—4

Ⅰ.①为… Ⅱ.①轻… Ⅲ.①企业管理 Ⅳ.①F272

中国版本图书馆 CIP 数据核字（2017）第 083664 号

为什么我的企业长不大

编　　者：轻松读大师项目部
出版发行：中国盲文出版社
社　　址：北京市西城区太平街甲 6 号
邮政编码：100050
印　　刷：北京新华印刷有限公司
经　　销：新华书店
开　　本：787×1092　1/16
字　　数：90 千字
印　　张：15
版　　次：2017 年 10 月第 1 版　2017 年 10 月第 1 次印刷
书　　号：ISBN 978—7—5002—7863—4/F·145
定　　价：49.00 元
销售热线：（010）83190289　83190292　83190297

出版前言

数字文明为我们求知问道、拓展格局带来空前便利，同时也使我们深受信息过剩、知识爆炸的困扰。面对海量信息，闭目塞听、望洋兴叹固非良策，不分主次、照单全收更无可能。时代快速变化，竞争不断升级，要想克服本领恐慌，防止无知而盲、少知而迷，需尽可能将主流社会的最新智力成果内化于心、外化于行，如此才能更好地顺应时代，提高成功概率。为使读者精准快速地把握分散在万千书卷中的新理念、新策略、新创意、新方法，我们组织编写了这套《好书精读丛书》。

这套书旨在帮助读者提高阅读质量和效率。我们依托海内外相关知识服务机构十多年的持续积累，博观约取，从经济管理、创业创新、投资理财、营销创意、人际沟通、名企分析等方面选取数百种与时俱进又经世致用的好书分类整合，凝练出版。它们或传播现代经管新知，或讲授实用营销技巧，或聚焦创新创业，或分析成功者要素组合，真知云集，灼见荟萃。期待这些凝聚着当代经济社会管理创新创意亮点的好书，能为提升您的学识见解和能力建设提供优质有效便捷的阅读资源。

聚焦对最新知识的深度加工和闪光点提炼是这套书的突出特点。每本书集中解读4种主题相关的代表性好书，以"要点整理""5分钟摘要""主题看板""关键词解读""轻松读大师"等栏目精炼呈现各书核心观点，崇真尚实，化繁为简，您可利用各种碎片化时间在赏心悦目中取其精髓。常读常新，明辨笃行，您一定会悟得更深更透，做得更好更快。

好书不厌百回读，熟读深思子自知。作为精准知识服务的一次尝试，我们期待能帮您开启高效率的阅读。让我们一起成长和超越！

目 录

实现梦想的最大障碍从来就不是外在的阻力，而是深植在内心的心智运作方式。想要有更大的成就，就必须训练自己的大脑用不同方式思考。如果能做到这一点，就等于摆脱了自己的惯性，能让自己有更高的成就。

把工作安排得更有条理是大多数企业经理人能够完成更多工作的关键，其实，这并不复杂。大多数经理人都很清楚自己该怎么做才能完成更多工作，难就难在怎么实行这些构想、策略与技巧，让工作有条有理。

显意识在我们脑部功能中所占比例不到10%，这部分心智最主要的思考重点就在于如何成功；潜意识占脑部整体功能的90%以上，是习惯、行为、反射动作及自我信念的总和。你成功或是失败，理由全都藏在这里。

企业经营策略的一致性愈高，企业的财务表现就愈好。随着时间演进，企业的经营策略容易变得愈来愈不一致，因此必须采取“以核心能力为导向”的运营策略，持续强化及改善企业最重要的核心能力，以开启良性循环，确保企业经营的一致性。

成功可以再轻松一点

Get Out of Your Own Way

The Five Keys to Surpassing
Everyone's Expectations

原著作者简介

罗伯特·库柏(Robert Cooper)，领导力顾问，善于运用神经科学知识激发企业活力，提升个人绩效。库柏在过去30年间分析了许多个人与团队，研究他们用哪些方法完成了在别人看来不可能完成的任务，并且将研究心得归纳成激励绩效的原则，传授给多个组织。他曾在多个学术研究机构发表演说，包括斯坦福大学商学院、斯坦福大学高级经理人课程班、欧洲管理中心、意大利米兰领导企业协会以及英国的领导力基金会等。

本文编译：杨明玮

主要内容

关键词解读

神经系统的惯性模式

当你走进浴室准备洗澡时，是先刷牙再淋浴，还是先淋浴再刷牙？不论哪个动作在先，你都不必经过“思考”，只要一进入浴室这个顺序自然会启动，这就是惯性模式。惯性模式是由神经系统直接作出反应、没有经过大脑思考的行为模式。从我们一出生开始，大脑便会想尽办法学习如何适应地球上的一切，让生命可以延续下去，而神经系统也会在我们接受刺激之后产生适应环境要求的反应行为，让人类得以生存，族群得以繁衍。惯性模式就像是大脑为了自身安全作出决策之后授权给神经系统：“反正以后遇到类似状况就比照办理，作出相同的反应，再也不用通过大脑来思考了。”我们的大脑在小学年龄阶段处于飞跃式发展的时期，大脑在这个时期决定的惯性模式会左右我们一生的思考与行为，也就是俗话说的“三岁看小，七岁看老”。可见惯性模式在人的思维中成形极早、扎根极深，要改变当然就很不容易。

德国哲学家尼采曾说：“习惯会使我们的双手伶俐而头脑笨拙。”因为惯性模式是不通过大脑思考的行为习惯，所以，如果我们不用改变习惯，大脑自然就渐渐怠惰。美国杜克大学脑部研究员赖瑞·凯兹指出，用跟过去不同的方式从事日常活动可以让大脑更加集中注意力于新的行为上，创造出新的神经导路，加强大脑的运作能力。例如，漫无目的地搭公交车或是逛逛市场，闻一闻或尝一尝新上市的试吃品，让感官接触到新的刺激，这些都可以让大脑的功能扩展。

建设性的不满

管理大师彼德·圣吉曾说："要培养企业的开放氛围，关键就在不要让大家强求共识。共识很重要，但只有把分歧、冲突，即建设性的不满都摆在桌面上，集体的智慧才有可能大于个人的智慧。"对组织来说，建设性的不满有6项功能：(1）凸显问题，通过沟通确认问题的症结。(2）刺激创新，促使新的构想萌芽。(3）激励员工挑战自我、投入工作，让成员觉得工作更有意义，觉得自己的想法是有实质贡献的。(4）节省管理时间，避免暗中的批评与流言，减少纷争。(5）增加彼此的信任感，鼓励大家说真话，不做表面功夫。(6）增进参与感，意见交流有助于找出合作模式，使个人需求与组织需求一致。号称全世界管理最完善的本田汽车把建设性的不满发挥到了极致，不断要求员工质疑公司的各种构想与决策。本田的格言是："任何公司内部必然都有杂音，领导人必须融合所有杂音成为和谐的曲调。但公司也不能太和谐，才不致削弱企业的竞争力。"

5分钟摘要

训练自己的大脑用不同方式思考

实现梦想的最大障碍从来就不是外在的阻力，而是深植在内心的心智运作的方式。想要有更大的成就，就必须训练自己的大脑用不同方式思考。如果能做到这一点，就等于摆脱了自己的惯性，能让自己有更高的成就。

你的头脑甚至没有意识到你会妨碍自己获得更高的成就。这是人类在经年累月的发展中形成的。因为人类过去面对的最大挑战就是生存，所以，为了安全，你的头脑会捍卫各种既有习惯，鼓励你坚守惯例、阻止你冒险，宁可固守已知也不去尝试新事物。这种惯性模式在“安全至上”的时代是很有用的，到了现代却相对没有助益。

要让头脑的阻力变成助力，必须采取下列5种心态：

摆脱惯性、超越众人期待的5个关键点

1. 在方向，不在行动
2. 在专注，不在时间
3. 在才能，不在从众
4. 在能量，不在努力
5. 在实效，不在意向

别再日复一日地拼命重复旧的思维方式，赶快试着改变方法吧。这样一来，你就有可能发现：只要结合自己的技能与才干，所有人眼中的不可能完成的任务其实都大有可能完成。成功，其实可以再轻松一点。

一　在方向，不在行动

一个人有多忙碌其实并不重要，往正确的方向前进才重要。

人的大脑在运作的时候基本上会按照已经深植在脑子里的习惯与惯例进行思考。如果环境迫使人要适应变化，大脑就会挣扎甚至抗拒。要想不断创造个人的最佳成绩，就要善于运用脑子里那个长于想象未来的区域，也就是前脑。

要使用前脑，可以采用下列方法：

◎挪出一点时间，让自己可以定期抛开眼前琐事，想清楚自己要朝哪些地方前进。

◎在这段时间里，尽量让自己想象最美好的光景——要鲜活地呈现在眼前。

◎接下来要深入思考，找到最明确、最直接的道路，让自己能够通往那个令人向往的未来。

◎发掘自己独特的能力，找到自己的志趣，想想要怎么利用自己的特长向前迈进。

◎彻底思考过之后就要付诸行动，让梦想成真。

只要能找到自己前进的方向并且开始行动，你就会惊喜地发现，那些曾经轻视你的人，竟然这么快就对你刮目相看。

1.“好”跟“很好”是“可能”的大敌

别人认为“不可能”只是他们的看法，而不是客观事实。历史上有许多人取得了大家认为不可能取得的成就，这种例子不胜枚举。没有人能斩钉截铁地说出哪件事是不可能的。

要让自己不断前进，不会因为取得了不错的成绩就骄傲自满，必须做到下列几件事：

（1）不要安于别人口中的“好”或“很好”，要想想凭借自己独特的才能与志趣能够取得的最佳成绩。

（2）不要只想抢在别人之前越过终点线，而要全力超越自己过去的成绩，找出自己能力的极限。这时，结果往往会出乎你的想象。

（3）彻底忘记“专家”的话。有太多例子告诉我们，一个人可以取得其他人无法想象的成就。

（4）每当面临抉择的时候，停下来扪心自问：“这个选择是把自己推向潜能的极限还是只能让自己不断重复过去的良好表现？”

（5）做任何事情都要寻找进步的空间，也就是自己可以超越其他人既有的成就、进一步发挥自己所有才能与志趣的地方。找到进步的空间，可以让自己发挥所有的能力。

2. 引领思考方向就会成长

如果能够明确制订出进步的目标，用这个目标激励自己，你的大脑自然就会逐渐把这些梦想放在第一位。接着你会发现，有一股动力推动自己向前，不会让自己陷入重复旧的思维方式的窘境。然而要做到这一点，必须引领自己思考的方向。如果不能有意识地干预心智运作，追求进步的梦想就会被俗事从脑子里挤出去。

要想开始积极引领自己思考的方向，必须做到下列几件事：

（1）要大胆地梦想光明的未来，尽管那些梦想只要一说出来就会惹得他人讥笑。

（2）把眼光放在未来——100 年或更长远一些都没关系。不要把思考局限在自己预期的寿命里，应该把焦点放在长远的未来，这样你的视野就会全然不同，和那些只看眼前的人很不一样。

（3）不断提醒自己：昨日的“奇迹”大都成为了今日平凡的事实。只要你愿意，随处都可以找出上百个例子。要亲自探究什么可行、什么不可行，不要一味地接受现状。

（4）在追求目标的过程中要保持灵活性，不要自我限制，这样才能在自己前进的路上加入新想法。在这方面，适应性与灵活性是两项非常重要的特性。

（5）要专心致志。你可以按照下列几项基本的步骤来做：

◎设定极具吸引力的目标，激励自己追求进步。

◎试着想象自己要怎么达到目标。

◎想出科学有效的方法，缩短达成目标的时间。

◎朝正确的方向前进。

◎勇于完成别人眼中不可能完成的任务。

3. **自动提示就能加速前进**

日常的提示会带来前进的动力，推动我们完成追求进步的目标。有鉴于此，设置一些每天出现的提醒可以激励你采取具体行动，向自己的目标迈进。这远比重复旧的思维方式又希望能有比较好的结果要好得多。设下“自动启动器”，可以为自己多争取一些时间用来完成追求进步的目标。

以下提供几个好用的自动提醒：

◎把追求进步的目标写下来，贴在自己随时可以看到的地方。时时问自己为了达成这些目标做了些什么。

◎把闹钟设定在每天固定的时间响起，然后要求自己：只要响起铃声，就要花固定的几分钟时间工作，朝自己的目标努力。

◎做一些动作，告诉自己要开工了。例如戴上手套，表示自己现在要开始朝目标努力。

◎设定期限，强迫自己在期限之前完成某件事情，让自己的目标有具体进展。

◎发一封电子邮件给自己，让自己每天在固定时间收到这封邮件，提醒自己要开始朝目标努力。

◎请好朋友提醒你做一些对实现目标有帮助的事情。

设置这些自动提醒的目的是把它们纳入日常的例行工作中，以不断提醒自己要花时间朝自己追求进步的目标努力。只有这么做，你才能稳步前进，获得令人刮目相看的成果。

4. **善用意外的曲折**

凡事都会有变化，我们会不断遇到意料之外的事情。你如果够聪明，就会把变化看成机会——可以让自己用意想不到的方式向前迈进，而不会把变化看成阻碍，觉得变化会使自己没办法完成期望的目标。提升适应能力，不拘泥于既有规则与程序，就能做到这一点。

要增强个人的适应能力，可以尝试下列几项简单而实际的办法：

（1）找出自己最常用的路径，然后换条不同的路径走，看看结果会怎样。幸运的话，换个路径可能会把你带往有趣的新方向，带来许多新的机会。就算结果不是这样，你还是可以随时回到原来的起点。

（2）告诉自己，小小的改变最后可能造成大大的影响，只要一出现不同的机会，就要好好探究一番。

（3）要敢于偶尔打破既定的规则，看看有没有更好的方法潜藏在你没注意到的地方。

（4）试着每星期放下一个习惯，采用不同的做法全面探索各种不同的可能。只要勇于尝试新事物，获取新奇经验，你就会发现自己的适应力变得更强，脑子变得更灵活，自信心也大大提升。

（5）看看有哪些事物你舍弃后就可以创造更宽广的生活空间。时时提醒自己享受乐趣的重要。

关键思维

要发现“可能”的极限，唯一的办法就是要冒险超越极限，挑战“不可能”。

——亚瑟·克拉克

我们很难说什么是不可能的，因为昨天的梦想就是今天的希望，也就是明天的现实。

——罗伯特·高达德

能否取得别人认为你实现不了的成就，就要

看你能不能摆脱自己的惯性，能不能停下脚步，用自己的头脑找出新方向，然后朝着它前进。

——罗伯特·库柏

想要让看似不可能的事情成真，就不要害怕梦想那些看似不可能的事情。

——瓦克拉夫·哈维尔

我们很容易把“限制”看成是可能到达的极限，但绝对不是这样。假如能够用创意的眼光看待限制，限制就会成为你跨入未知境界的通行证。

——约翰·奥多诺休

二 在专注，不在时间

合理规划自己的时间是一项重要的工作，但是切记要把时间放在真正重要的事情上，不论这些事情是原来计划好的还是意外出现的。

人类的大脑喜欢为一些无关紧要的细节而烦恼。大脑最希望你把每天的时间全都用来处理生活琐事，用日程表把每件事有条不紊地安排妥当，列出一整天待办的事项，然后逐一完成。这样做没什么不好，可是如果彻底依照这种方式管理时间，就会让自己埋于例行工作之中无法自拔，没有机会去取得特殊的成就。如果在意料或计划之外突然冒出新的机会，那就更是只能眼看着大好机会溜走。

大脑很喜欢当计时器，不断提醒你按照日程表来做事。大脑也很爱提出假设性的问题，然后花好几个小时仔细思索答案。这么做的缺点是：在思索过去错失的机会时，可能就会忽略未来的各种可能性，让未来的机会就这么一直从你手边溜走。稍不注意，大脑天生的习性就会让你原地踏步。

要想进步，必须学着压制这种内在的机制，不让它阻止自己尝试新事物。要训练自己遵循下列几种不同的模式：

◎抓住主要任务，想想用什么方法能更好地完成主要任务。

◎明确找出新的机会。

◎把这些新机会当作追求进步的契机，不要看成是妨碍进步的威胁与危机。

◎看未来可能的发展，不要老是为已经过去的事情花费精力。

1. 重视正确的时机，不要盯着时间看

你必须主动引导自己的注意力，否则你的心智会花大部分时间绕着那些可能或不可能发生的

问题团团转。你必须全心思考要怎么充分利用每分每秒，不要被事情牵着走。

要让自己认真地对待每分每秒而不是只想耗掉时间，可以用下列几个方法：

（1）不要盯着时间追赶进度，只要有好机会，就要充分把握。

（2）不断反复问自己两个问题：

◎在各种选择之中，我最想要的是什么？

◎我现在做了哪些可以达成心愿的事情？

（3）规划几个空闲时段——在这几段时间里，把常规工作先放一边，根据自己的志趣全心投入到有创意的活动中去。

（4）把握突然冒出来的空闲时段，把琐事暂时放到一边，创造一些非凡的成就。还要问自己："要怎么做才能抓住这个机会，让自己更接近理想中的自我？"

（5）定期反省——跳出自我，从第三者的角度观察自己目前的行为，看看自己有没有把重要的事跟不重要的事区分清楚。

2. 清楚规划就能吸引自己的注意力

简单来说，大脑会对神经化学物质的流动产生反应。在你刻意专注在某件事情上的时候，你其实是让化学物质流向大脑负责控制这类思考的区域。你要这些神经化学物质流到哪里，它们就会流到哪里。问自己一些尖锐的问题可以控制这些化学物质的流向，这些问题会让头脑思考真正有用的东西，而不是老忧虑那些确实存在或想象中的恐惧。

要提出合适的问题，让自己能朝真正有用的方向前进，可以做下列几件事：

◎与希望自己成功的人分享梦想与期望。明确地说出自己的目标，可以刺激与达成目标密切相关的脑中枢。

◎把时间花在自己想要完成的事情上，不要浪费时间去为别人的想法烦恼。

◎不要一心多用，尽可能专注在马上要完成

的事情上。

◎每天抽出一段时间，让自己可以不受干扰、不会分心地做重要的事情。试着在这段时间里把一件事情做到最好。

◎集中注意力一段时间之后就要让大脑休息，然后再重新回到自己的工作上。

◎在日程表上留下几个“什么事也不干”的空当儿。有些精彩的点子会在这段时间里跳出来。

◎如果犯了错，那么停下来，调整步伐再出发。不要担心自己会犯错，要满怀信心地向前看。

◎带个小笔记本，记下自己灵光乍现的灵感。

3. 厘清想法就能释放创造力

如果心里塞了太多想法，就会遮蔽真正要紧的事情。要克服内心的杂乱无章，就要努力弄清楚自己该做哪些事情。这样做一定可以让你把事情想得更明白、更清楚。愈清楚自己要完成的目标，就愈容易产生有创造性的想法。

要弄清楚自己必须做好哪些事，可以采用下列几种方法：

（1）不要模棱两可，要直接切入重点。

（2）在写每一封电子邮件或是记下每一次笔记的时候都要简洁明了。

（3）记下5项最优先的待办事项或是下次会议要讨论的重点。

（4）说话时加上一些肢体动作，这通常能让你的表达更生动。

（5）养成用简要便条迅速回复别人的习惯，不要等到有时间写长篇大论的时候才回复。

（6）文字叙述开头要清楚明确，还要试着加上能让对方看得懂的说明。对方会感谢你这么做，不会因为缺乏补充资料而觉得不方便。

4. 与他人合作跑完自己的赛程

天才通常是在跟他人合作时崭露头角，而不是靠自己孤军奋战取得成果。为什么会这样呢？

很可能是因为有其他人参与可以丰富自己的思考。如果这个人是你敬重的人，或是跟你有深厚感情的人，那么跟他在一起就更有可能进行深度思考。

要能充分地跟别人合作，必须做到下列几点：

（1）首先要确定自己已经竭尽所能，然后才有权利要求别人跟你合作。你要有能力，也要有意愿贡献自己的全部力量。

（2）事先了解合作伙伴的优点与隐藏的缺点。在适当的时候增加适当的人选可以加速自己的进展，同时也协助合作伙伴迈向他们的目标。

（3）找出双方明显的互利点。

（4）试着在自己希望完成的目标之中加进一些新奇、巧妙又有趣的成分。大家都喜欢在这种环境下工作，不喜欢那种不惜一切代价、只想赢得胜利的感觉。

（5）在着手进行某项工作之前就要跟自己希望合作的对象联系，提前建构人际网络。

（6）深入了解自己为这段合作关系带进了哪些影响，还要了解其他合作伙伴具备哪些特质。要做到这些事，必须花时间厘清自己的优点、价值观、志趣、能力以及喜好。如果你还可以用同样的方法再去了解自己希望合作的对象，就能够建立起很棒的团队，自然就会有杰出的表现。

关键思维

我们绝对不该任由无关紧要的事情支配了最紧要的事情。

——歌德

许多人认为自己是在思考，其实他们只是在重新整理自己的偏见。

——威廉·詹姆斯

只懂得人云亦云，会令人沉闷；在实现最大梦想之前骄傲自满，会让人失志；而拼命划水，只求让自己不致灭顶，有损人的心灵。单一的努力尝试只会导致失望与不满，尝试不同方法才可能改变一切。

——罗伯特·库柏

三　在才能，不在从众

学习别人的做法固然有用，但只有大胆释放自己隐藏的潜能并且好好加以运用，才能获得最大的收获。

人类的心智具有非常强大的求生本能，这种本能是人类长年发展磨炼出来的。因此，人的心智会把“从众”奉为圭臬，因为这样会增加安全感——如果你跟所有人都做同样的事情，那就表示你的做法绝对没有问题。这么做在多数情况下没什么不好，但是你要清楚：你在某些特定领域的能力是没有人可以匹敌的，要让自己的梦想成真，必须开发这些平常隐藏起来的能力。

要开发这些隐藏的能力，必须专心致志，尽全力让头脑效能发挥到极致，同时还必须排除身边的干扰。能做到这一点，就能把失望与挫折化作踏脚石，完成别人眼中不可能完成的任务。要把自己的智慧转化为成功的行动，关键就是要设法跟自己建立起建设性的合作关系。你必须充分运用自己的心智能力，不能不动脑筋而只复制其他人的做法。

1. **同时运用理智、情感、直觉还有骨气**

思考的结果和理智、情感、直觉与骨气相关。这几项要素也会对你发出信号与提示：

◎ 直觉——会通过感受跟你沟通。

◎ 情感——会产生不同的感觉或印象，影响你的决定。

◎ 骨气——能让你对得起自己，也对得起别人。

人在作决定的时候是靠身体里这几个不同的要素一起运作。即使这样，也不表示不会作出错误的决定。如果能考虑到这些因素给你的信号以及提示，而不是光靠逻辑推理，就有可能持续作出更好的决定。

综上所述，在面临重大决定时，应先暂停一

下，思索这几个要素想要跟自己说什么，问问自己下列几个问题：

◎对于这个决定，我的直觉是怎样的？

◎我的过往经验给我什么提示？

◎我掌握的信息有没有什么遗漏？

◎有没有什么潜在的突破性构想是我现在可以利用的？

◎下一步要怎么做？我要怎么运用这个构想取得更多成就？

简单来说，就是作决策时要重视自己的感受与直觉，即使你不能用言语向他人说明，也一样要重视。但是不要陷入“分析瘫痪”——停下来审视自己的直觉后接着就要马上开始行动。通常，只要能迅速、熟练地执行项目，就算不尽理想，还是可以创造出一些成果。如果什么都不做，就不会产生任何成果。

2. 要记住，展现能力就能美梦成真

要实现伟大的目标，必须花工夫规划未来，

为自己的理想而努力。

要让自己不断朝追求进步的目标迈进，让目标愈来愈明确、自己愈来愈有信心，必须做到下列几件事：

（1）确定自己是在朝追求进步的目标前进，而不是在实现别人为你设定的目标。

（2）时时提醒自己要专注于长期目标，借此压制自己的一时冲动。要用长期目标影响自己日常的行动。

（3）挑战别人认为不可能做到的事情，并且立刻着手进行，借此增强自信心。不要被动地等机会到来才展现自己真正的实力。

（4）接受伙伴的建议并立刻着手进行，把自己学到的经验应用在行动之中，假以时日就会有长足的进步。

（5）寻找新的体验，并改变自己的习惯，努力开创新的契机。在学习更多经验的同时，你要试着每天至少改变一项习惯。

（6）积极抓住眼前的进步机会。

（7）把生活中遇到的逆境都当作挑战，当作可以让自己学到更多知识的机会。

3. 唤醒内在潜能

神经系统最重要的运作规则是，自己重视的，会变得越来越重要；自己忽略的，会越来越被边缘化。如果你反复地解决问题，未来就只会看到更多问题。你应该努力唤醒自己与其他团队成员内在的潜能。

要真正做到这一点，可以采用下列几种务实的做法：

（1）抛开之前的立场和偏见，让每个人展现自己的特长。不要对任何人抱持成见，要关注他们为将来所做的努力。

（2）不断作心理预期。你希望其他人未来有怎样的表现，就要用符合他们未来表现的方式对待他们、引导他们，而不是以他们过去的成绩作依据。

(3) 尽可能多地称赞伙伴，至少每半个月要称赞他们一次。用一些小小的惊喜增进他们跟你之间的互动。

(4) 迈出自己的舒适区，抛开大脑既定的运作常规，不断去做有创造性的事情。

(5) 组成氛围宽松的团队，认同并且赞扬团队成员的个人表现，不要要求所有成员一致。

(6) 弄清楚自己是否有意或无意地做出了阻碍其他成员最大程度发挥能力的事。

(7) 努力践行自己的承诺，为自己的行为以及决定负责。

4. 利用“建设性意见”促进成长

建设性意见能够激发个人的最佳潜能。这是一种人类内心的信念，认为要完成一件事情必定有更好的方法，并且会要求自己不断努力去探索，直到发现更好的办法为止。也就是说，你要拒绝随大流，并且勇于在必要的时候挑战习以为常的观念。

要培养建设性的意见，需要做到下列几件事：

（1）尽量保持灵活性，让创造性的想法有可能成形。

（2）遇到自己不懂的事要勇于承认，并且投入精力找出答案。

（3）把克服困难当作人生目标，不要老是想生活得很安逸。

（4）在团队中，要重视诚实更甚于重视和谐。坚持当个喜欢说真话的人，不附和别人。

（5）要直率。清楚地告诉别人自己的想法，不要留下任何令人猜疑的地方。别人不一定每次都同意你的观点，但是会感谢你的坦白与直率。

（6）目标明确，并永远保持进步的信心。不要总是思考谁应该为过去的错误负责，那完全是在浪费时间。应该全心思考成员创造出来的成果对自己迈向重大目标的进程有什么实质帮助。要让别人把你当成推动前进的动力，而不只是个审查别人表现的人。

（7）用不同的方法完成同一件事，看看会有什么结果。

关键思维

你的时间有限，不要浪费时间去过别人的人生。不要让自己陷入教条之中，否则你就只是用别人思考出来的结果来指导自己的行为。不要让众说纷纭淹没了自己内心的声音，最重要的是要勇于追随自己内心的直觉。内心的直觉已经让你非常清楚你真正想成为什么样的人，没有什么比这个更重要。

——史蒂夫·乔布斯

四　在能量，不在努力

你有多努力工作其实不是重点，重点是你怎么轻松做好真正该做的事情。

大脑喜欢忙碌，喜欢让你孜孜不倦地工作。这没什么不好，但是还有更好的办法——通过启发性思考产生出能量，这比单纯地花时间努力更有效。

不去试着用多种方法工作，而只知道花时间更努力工作是令人疲劳而郁闷的。社会大众普遍都会赞扬坚持不懈的精神，但不幸的是，这通常表示要耗费更多努力在原有的事情上。这么做很傻，不如把更多的精力用在能够产生不同结果的事情上。至少这么做不会让你身心疲惫，也不至于让你在第一时间错过有突破性的想法。

1. 学习如何在压力下表现杰出

这是一项应该受重视的特质，因为在现今的社会环境下，每个人都承受着许多压力。如果你连在众目睽睽之下失败也能够承受得住，那你一定可以取得惊人的成就。

要控制自己的头脑，让头脑保持冷静并且能清楚思考，可以采用下列几种做法：

（1）反其道而行，也就是要放松自己，顺利进入状态，释放自己的情绪，不要让自己封闭起来。

（2）时时让自己处在压力之下，并且要持续创造高水准的成果，借此强化自己的心智。

（3）全心全意朝前迈进，把错误当作陈年往事抛到九霄云外。

（4）允许出现小瑕疵，不强求每件事都完美无缺。

（5）从目前的状况中理出头绪，把心力放在自己最渴求的事情上，不要担心出错。让大脑只想着所有会出现的正面情形。

（6）试着发扬自己的全部优点，让自己迈进新的领域，并且运用自己的力量来改变现状。为自己设定超乎预期的目标，然后认真思考要怎么达成。迎接挑战，不要让挑战带来的诸多琐事把自己压垮。

（7）把意外当作盟友，充分审视自己的处境，在向前迈进的过程中不断调整，并且妥善处理前进过程中发生的意外状况。根据自己目前所处的形势找出更好的办法，让自己完成梦想。

2. 化繁为简，用全部心力创造更多价值

琐碎的事情会耗掉许多能量，应该将这些能量用在更有意义的事情上。如果能够简化自己日常的例行公事，就可以减少耗费的能量。一件事很容易办到——只要让自己少负担一些其他工作，集中精力速战速决。

要调整自己的步调，让自己加速朝重要目标迈进，可以采取下列几项做法：

（1）审视自己的思维模式，并有意识地增加自己思考未来的时间。

（2）把过去的错误抛到脑后，集中精力完成眼前的重大工作，为实现未来的目标奠定基础。

（3）放下工作运动一下，让自己精力充沛地再回到工作上。呼吸一些新鲜空气，喝两口凉开水，就能让自己带着清醒的头脑还有重新燃起的热忱回到必须完成的工作上。

（4）每天花几分钟时间晒晒太阳，让自己感受时序变化。

（5）每天做一些可以让你的注意力保持集中的事情，并把这些事情列成一张清单。这些事情可能就是做一些简单的动作，但是会对你很有意义。

（6）努力把情绪往正面的方向引导。想象自己要达成的目标，努力去实现。

3. **有时停一下，再向前跃进**

每个人都在忙着让自己的生产力发挥到极

限。偶尔让自己喘息一下，坐下来休息，什么事都不要想，反而能够振奋自己的精神。这听起来可能有点违反常理，但事实上，在日程表里轧进一些短暂的空当，反倒是让自己前进的最好办法。

要为自己创造喘息的空间和反省的时间，可以采用下列几项做法：

（1）每天选定几个重要的时刻，安排几分钟让自己放松一下。要保证确实在休息，摆脱当下的压力，做点完全不一样的事情。

（2）有很多事情会占用你的精力，找出哪些事情是没有实质意义的，努力让自己不再去想这些事情。

（3）让自己被动地等待问题出现，不要主动出击去寻找有待解决的问题。

（4）安排固定的时间做有氧运动，让自己的生活获得些许平衡。

（5）可以的话，试着在办公室里小睡片刻。

时间不用太长，只要几分钟就可以了。看看这样做能不能为自己增添活力。

（6）买支可以戴在手上的心跳计，练习让自己放松。注意观察哪些活动会让自己平静下来，哪些活动会让心跳加速。然后在每天找一段固定的时间多做一些可以让自己放松的活动。

4. 要愿意保持饥饿和愚蠢

“保持饥饿和愚蠢”是第一本《全球目录》（在1968年出版）中提出的观点。从很多方面来看，这句话都隐含了一种伟大的生活哲学。如果你“饥饿”而且“愚蠢”，不把时间或精力浪费在其他人制订的目标上，就不会觉得自己必须按照其他人的规则或观点来生活。你会倾听自己内心的声音，追随自己的直觉，并且会专心地把少数几件事情做得非常出色。

说到这种又饥饿又愚蠢的人，理查·布兰森堪称代表人物。布兰森一直热切地相信自己的下一个点子会是史上最好的点子。布兰森创办了超过 350 余家企业，靠着他的点子，这些企业每年可以创造超过 90 亿美元的销售额。布兰森认为，自己之所以能想出这么多生意点子，是因为他没有固定的时间表，能花时间来想下一步要做什么。

五　在实效，不在意向

意向不是不重要，但真正重要的是你实践自己的意向之后发生的改变。

大部分人在谈到自己将来希望达成的成就时都抱持着崇高的志向和美好的向往。这很好，但是要让这些愿望成真，就要即知即行。在你展开行动、实践志向之前，意向不过是稍纵即逝的想法。你必须把精力放在实效，而不是意向上。

养成习惯，追踪自己创造了多少实效。把努力的重点放在对自己真正重要的事情上，并记下自己的进展。这种记录自己实际成果的简单举动会让你在未来更有可能大幅进步。用你创造出来的具体成果，也就是你自豪的成就，鼓励自己的心智，你的心智就会更想去做有实效的事，让你在未来能够取得更多让你自豪的成就。

1. 学习如何不断改变

人脑往往会抗拒改变。大家都很清楚这个事实，还产生了许多关于改变的错误看法，例如：

◎ 小幅改变要比大幅改变容易得多。

◎ 只有恐惧才能促使人不断改变。

◎ 迫在眉睫的危机会促成改变。

◎ 说出实际状况能够促成改变。

◎ 奖励可以促成改变。

◎ 学习掌控改变，就能促成改变。

◎ 抱着“做就对了”的心态，就会促成改变。

◎ 如果有补救计划，也会促成改变。

最能成功促成改变的工具有下列几项：

◎ 事先想象最理想的结果——令人心动的后续利益，这些利益会因为改变而产生。

◎ 投入心智，让改变的幅度大而显著，不要只是循序渐进地做局部改善。设法让内心感受到改变带来的好处，使大脑愿意接受新的项目。

◎ 告诉团队成员自己希望改变的想法，并且请他们协助。理想的状态是，你找到能帮助你改变目标的人，请他帮忙并且提供建议。有了其他成员加入，你的改变计划就能更容易地持续进行下去。

◎同时保持“热忱”与“冷静”。你要进行的改变必须感动你，并且点燃你对生命的热忱，但是不要过分担心这个改变对你个人的影响。要相信自己在进步的过程中能够适时调整自己。

2. 要记住，你评价的项目都会成为重点

要清晰地了解自己的哪些行为对自己有帮助，哪些行为没有帮助，可以采用一些评价方法。恰当的评价方法能够帮助克服头脑运作的常规，让你加快速度朝自己追求的目标前进。恰当的评价方法还能发挥早期预警的功能，让你很快知道哪些行为对自己没有帮助，从而及时转往更好的方向。

有效的评价系统具有下面几个特点：

◎每小时评价一次指标，然后做成每天或每

周一份的摘要。如果不能定期整理评价结果，自己就会懈怠下来。

◎能让你清晰地了解自己必须进行哪些改变才能达到目标。

◎观察这些指标可以让你了解自己目前的状况，让你每天都很清楚自己该从什么事开始做起。

◎每日的检讨可以评价当天哪些行为对达到目标有帮助。

◎每周的检讨会可以总结自己取得了多少进展。你可以邀请朋友或是前辈加入讨论，请他们记录你进步的幅度，并且提出建议。

◎随时追踪你的改变。

3. 时常贴近自己的心灵

人很容易陷入工作就是为了讨生活的窠臼，忘记自己当初为什么要做这些事。如果发生这样的状况，就应跟自己的心灵重新连线。无论生活中发生什么事，你都是独一无二的，而且也不会再有另一个人拥有跟你一模一样的才干、兴趣、目标与个性。因此，你必须充分认识到，只有你才能作出这些独一无二的贡献。

事实上，每个人活在世上都想要有所表现，不只是讨生活。要知道自己目前为止表现得怎么样，可以思考下列 4 个问题：

◎你对自己的家人曾经造成什么特殊影响，让他们因为你变得更好？

◎你曾经对自己就读的学校或是自己小孩就读的学校造成什么特殊影响，让学校更能帮助学生实现自己的目标？

◎你曾经对自己服务的组织造成什么特殊影响，让组织因为你在那里工作变得更好？

◎你曾经对你所居住的社区造成什么特殊影响，让社区因为你的家庭在那里居住变得更好？

关键思维

5个关键点是你探索自我的起点。拿起对自己有用的工具，把生命的每一刻塑造得更美好，把其他无关紧要的事抛在脑后吧。有人会过平凡的生活，但绝不是你。有人会为小事争吵，但绝不是你。有人会为小小的伤害痛哭流涕，但绝不是你。有人会把自己的未来交到其他人手里，但绝不是你。

——罗伯特·库柏

延伸阅读

我的心就是想为你创造轻松

文/林怡伶

“各位，我们的游览车现在在这个特产店休息 20 分钟，要上厕所的游客动作一定要快。最重要的是，上车之前不要忘了多买些知名的土产，带回家给家人吃……”旅行团领队用麦克风大声地说着，把正进入瞌睡状态的阿珍突然吓醒。稍微回过神来后她才想起来，不是才刚去过一家特产店吗？她轻轻地叹了一口气，这已经是这次旅行进入的第 17 家特产店了，5 天 4 夜的行程，有半数时间都花在替导游和领队“做业绩”上了。

阿珍遇到的情况正是每个人印象中的旅游套路，不管是在台湾地区还是在其他地方，只要经过传统旅行社的安排，旅游的品质就完全不由自己掌控。频繁进入特产店、旅行社额外收费不时被旅客吐槽，但以我个人长期在旅游业任职的经验来看，不该把所有的过错都归给旅行社，旅客本身也有一定责任。想想看，我们每个人是不是都像阿珍一样，出发前拼命杀团费，一切只要低价就好；出发后又嫌东嫌西，该付的小费想要节省，明明参加的是旅行团，却动不动就想自由行。

1. 我的心就想做这件事

我坚定地相信，有一群喜爱旅游、追求度假品质的中国人，不断寻觅最佳的旅游目的地。这些人懂得通过网站搜寻世界各地的旅游资料，他们的外文能力能够解读国际的旅游信息。他们需要非常清楚的旅游行程、价格信息，连住宿地点是不是有供应牙刷或热水也希望能从网站上了解，不想等到到达目的地后才问服务员。更重要的是，他们追求的是“度假”，甘愿多付钱拥有一个完全属于自己的美好假期，一次完全不受外界干扰的休憩。

在 2000 年时，我们决定把欧美人士钟爱的巴厘岛度假别墅引进台湾地区的旅游市场。因为我在台湾旅游业任职数年，了解这个群体的需求。随着中国的经济增长、社会开放，这些人的财富加速成长，传统的旅游行程已无法满足他们的需求，一般旅行社即使有意针对这个客群规划新产品，但是也找不到诀窍。当初我们决定进军华人市场时，曾有许多反对的声音。以巴厘岛这个旅游胜地来说，已有的度假别墅客源不绝，我们其实完全不必大费周章，但是我内心就是想做这件事。

就像作者文中所说的“实现梦想的最大障碍从来就不是外在的阻力”，我内心坚信这个市场拓展计划的可行性，相信自己的决定在大方向上肯定是正确的。6 年来，所有来过巴厘岛私人度假别墅的中国人都对我们的服务满意至极，还都想要再来，甚至有客人才来第二天就预定了下一次的行程。他们可不是因为太喜爱了而匆匆决定下个星期再回来，我们的度假别墅可是要提前半年到一年预订的！来过的客人才会了解，等待是值得的。

2. 网络改变经营模式

世界各地都建有高档的度假别墅，或许有人认为，我们大可选择长驻台湾，不必如此把自己绑在巴厘岛上。要回答这个问题，必须回溯到1995年。巴厘岛私人度假别墅公司的创始人彼得·瑞格，1971年从德国来到亚洲游历，1980年定居于泰国曼谷，将个人的游历经历撰写成包括11个亚洲国家的系列旅游书籍。他担任一家欧洲主要旅游公司的亚洲区域发展经理，认为正在起步的巴厘岛度假别墅市场有很好的前景。1992年，已迁居香港的瑞格，在香港注册成立私人度假别墅股份有限公司，经营私人度假别墅的租赁服务，提供给世界各地的游客。

1995年，随着网络的发展，瑞格有了新的想法：在网络便利的条件下，唯有贴近客户、精致服务才是成功之道。这个大方向一经确立，公司便开始积极从事网络的布局工作，把运营核心搬到巴厘岛上，已结为夫妇的我们就此长住在这个鸟语花香的岛上。自此，“巴厘岛”网站成为我们服务全球的一个主要媒介。网站里展示了公司旗下 30 余栋位于巴厘岛的别墅，清楚地介绍了环境、价位、服务、可预订的日期等。我们并不是等所有经营细节都规划好后才开始营业，瑞格内心深埋的“提供有品质的度假”观念，让处于进行时的事业不断更正、时时添新。

公司从高级别墅租赁业务、专属别墅员工 24 小时服务业务起步，发展到现在的婚礼服务、宴会设计、SPA 疗程以及 Villa 投资经纪等全方位业务，另外我们还通过在巴厘岛当地的服务中心建立的非商业网站“今日巴厘”（英文版 BALI TODAY），提供巴厘岛每日最新信息，而“巴厘岛旅游讨论网”和“巴厘岛及印尼新闻”，也都成为公司的服务项目之一，相信这正是作者所指的“专注”。我们没有时间压力，专注把事情做好才是最重要的。在设计巴厘岛当地旅游信息等非商业网站时，我们怀着开放的心态，把推广巴厘岛旅游视为目标，没有把岛上其他同业者视为会对我们形成威胁的对手。

3. 有效利用意外的曲折

人间世事自然会不断出现挑战和选择。在巴厘岛上最突出的例子就是 2002 年大爆炸案发生以后，连续出现的小爆炸案对当地旅游业带来的影响。我们的游客数自然受此影响，这是无法预期的事情。然而，公司内部并没有因为这样而气氛低迷，反而是从高级主管到门口警卫，每个人都忙了起来，把平日必须要做却因太忙没有做的工作，如外语培训、别墅整修等都一项一项落实。在行情低迷的时期，我们开发了俄罗斯的客源，效果很好。那些有钱的客人喜欢玩乐，海外私人别墅度假正是他们想要的。

我常说，我们这个团队，是一个带给他人高级享受的团队，把欢乐的气氛带给了游客。但是，公司经营上也不是没有遇过挫折。唯一的一次使业务陷入低潮不是同业竞争或客户的不满，而是公司网站被国际黑客入侵，连网址都被窃走，客源中断，连收发电子邮件的控制权都不在我们手上。这是我们这种依赖网络对外联系的企业所能遇到的最严重的经营威胁。公司全力投入解决这个困境，最后请求美国联邦调查局介入，三周之后才把问题化解。那次教训让我们再度加强了网络安全，所有客户的资料都以最严密的系统保护。

4. **把老观念放下，入乡随俗**

目前我们在巴厘岛上的公司员工约有 180 名，包括部门主管和 30 栋别墅的管理小团队。这些 E 时代的员工很难用台湾企业的模式管理，而且巴厘岛上有许多当地的风俗习惯和服务的目标冲突。虽然公司员工的向心力很强，一直以来都很努力，但是有些事情还是要靠巧方法才能处理好。

例如，婚纱服务部门要为客人安排伊斯兰教、佛教、印度教、天主教和基督教的婚礼，依照当地法规，后两者最为简便，不需出示任何证明文件，只要有勇气在牧师面前说“I do”但若是印尼法定的伊斯兰教徒，就必须先举行宗教婚礼仪式后才能公证结婚。除了需要准备护照、出生证明外，还要伊斯兰教徒证明及健康证，以及“父母同意结婚证明书”，此外婚礼证人不能是女性，女人也不能接近婚礼场地，这让身为婚礼主持人的我如何是好？

除此以外，保护别墅客人的警卫队的能力如何？公司决定以跑步测验的方式检验警卫队每个人的体能状况。于是，我们拿出员工的“罚款基金机制”，规则是参加跑步比赛的警卫每人交5千印尼盾，缺席的人要交5万印尼盾，比赛结束后，前三名获胜者可以均分所有的奖金。员工不一定看重钱，可是都想赢得这份荣誉。类似的情况还有：某位员工“公开宣称”要某日之前减肥

1公斤，或是学会做红烧狮子头，于是其他员工就开始发挥督促的“义务”。快到截止日时其他人就会紧催他完成任务。

主打高级客群的旅游服务业没有自我满足的时候。现在我们在继续强化相关产品，包括房地产投资、SPA升级、充实管家的现代知识，我们没有企图和野心，有的就是一股源源不尽的冲劲儿。

作者简介：

林怡伶，1995年起定居巴厘岛，现任巴厘岛度假别墅公司总经理，金巴兰罗曼婚纱公司总经理，著有《巴厘岛小妇人》《迷恋巴厘岛》等著作。

效率高手“5 不”诀

The Agile Manager’s Guide to Getting Organized

How Highly Successful Managers Cut Through the Clutter and Get Things Done

原著作者简介

杰夫·欧森（Jeff Olson），毕业于科罗拉多大学与芝加哥大学，现为速率商业出版社总裁。从 1983 年进入出版业至今，欧森先后从事发行与编辑工作，并且在 1997 年与友人共同创办速率商业出版社，打造了“灵活经理人”书系，其销量超过 200 万册。欧森著有 12 本经管书籍，录制了 3 卷教学录影带，并发表了上百篇论文，内容涉及管理、劳工法以及人力资源等，刊载于《华尔街日报》《创业家》等财经媒体。

本文编译：陈智文

主要内容

关键词解读

有条有理

管理学家明茨伯格在《明茨伯格谈管理》一书中阐述，经理人应该是思考有条理的规划者。然而许多研究显示，大多数经理人工作紧张、时间很零碎，并不常思考。管理大师杜拉克认为，人类的才能要发挥出来，达成实效，就必须通过有条理的工作。经理人要懂得管理时间、成果导向，善用一己之长，清楚轻重缓急，并且能够从根本解决问题。要成为有条理的经理人，需要培养 5 项习惯：掌握时间、了解自己的角色、发挥长处、重要的事情先做以及有效决策。

时间日志

瑞典学者卡尔森在一项研究中用表格记录了12位CEO工作时间的运用情况，例如谈话、开会、拜访、接听电话等，结果发现没有任何一位CEO可以连续工作20分钟不受干扰。要想高效率工作，首先就要进行“诊断”，也就是填写时间日志，精确、详尽地记下自己每天的工作时间安排。接下来要检查时间日志，针对下列问题进行分析：上班要多久后才能开始当天最重要的工作；完成这项工作前，中途被打断多少次；最常打断工作的原因是什么；中断的时间有多久；要花多少时间才能重新进入状态；一天下来，有多少工作因为被打断无法完成；原本可预防的紧急情况花了自己多少时间等。分析时间日志，可以清楚了解自己运用时间的模式以及浪费时间的原因，然后就能对症下药，依照各项工作的类型与重要性，重新规划时间的运用。还可以用各种奖励鼓励自己，让新建立的工作习惯坚持下去，帮自己把控时间。

在台北市进行的一项出租车载客状况的调查中有一个典型案例。一名出租车司机在接受访问时提到，原本他每天工作时数约 12 小时，月收入 3 万余元，现在每天只工作 8 小时，收入却提高到约 7 万元，就是因为调整了时间安排。他早上 7 点出门后，会先到公交车班次较少的站点搭载久候公交车不到的顾客；8 点 30 分到 9 点，到五星级饭店搭载准备出门开会的商务人士；10 点到机场，搭载中南部北上出差的旅客；12 点左右到商业大楼，搭载外出用餐的中高级主管；下午 1 点 30 分到证券公司，搭载看完行情的投资人；2 点 30 分到餐厅，搭载用完餐的客人；3 点 30 分到百货公司，搭载准备回家接小孩放学的家庭主妇；4 点 30 分交通开始拥堵，就准备收工回家，并且顺路搭载回程旅客。像这样，详细记录工作时间、重新调整工作习惯，就可以实现轻松、高效地工作。

5分钟摘要

把工作安排得更有条理

把工作安排得更有条理是大多数企业经理人能够完成更多工作的关键，其实，这并不复杂。大多数经理人都很清楚自己该怎么做才能完成更多工作，难就难在怎么实行这些构想、策略与技巧，让工作有条有理。

效率高、能力强的经理人会找出各种方法克服混乱，让自己全心处理重要工作、精简文书作业，尽可能避免浪费时间，并且妥善管理各项项目。这些都是能够让经理人灵活又有效率地工作的方法。

脚步不慌乱

混乱往往让职场人士无法完成工作。所谓混乱，就是忙于处理不必要的琐事，这些琐事不仅无法增加价值，还会降低生产力。只要排除混乱，许多经理人的生产力就会立即提升。

要排除混乱，可以采取下列步骤：

（1）了解造成混乱的原因。

（2）确认自己的人生目标。

（3）制订明确、具体的目标。

（4）挑战极限。

（5）保持弹性。

（6）把精力放在工作上。

混乱会造成工作难以进展、延宕，不是找不到文件、被档案匣绊倒，就是要烦恼接下来的走向。实际上，失误都是混乱造成的，这才是工作延宕的真正原因。

生活中有各种混乱，从文件太多、东西放错地方到待办事项太多等不胜枚举，这些状况都只是表面现象，背后还有更深层的原因。

引发混乱的原因包括：

◎优柔寡断，犹豫不决。

◎想当老好人，结果自己无法拒绝别人。

◎在内心构筑现实世界中永远无法实现的梦想，这对某些人来说是莫大的乐趣。

◎“等一下还有时间”的想法也会造成混乱。而且，“等一下”一定会更混乱。有太多工作堆叠，时间压力会愈来愈大，让你无法承受。

要排除混乱，可以采取下列步骤：

（1）了解造成混乱的原因。要从混乱里脱身，必须先确认自己对生活的期许，一定要制订目标。

这跟混乱有什么关系？关系可大了。许多深陷在混乱中的人都缺乏远大的人生规划，只求过一天算一天，而且他们认为船到桥头自然直，人生是没办法控制的。对这种人来说，生命中大事小事都一样重要，很难作决定。

（2）确认自己的人生目标。拿出一张纸，或是在电脑前面坐下来，写下自己的人生目标。针对以下几个领域，设定一两个明确目标。记住，有些目标会横跨好几个领域。这些领域分别是：

◎家庭/朋友

◎工作/职业

◎社区/义工

◎教育/知识

◎嗜好

◎休闲/旅游

◎运动

◎心灵

◎理财

（3）制订明确、具体的目标。目标应该明确而且具体，例如：我的高尔夫成绩要在2020年之前突破80杆大关。目标明确，自己的心愿才能够实现。明确的目标能够让你确立生活的目的，把生活安排得有条不紊。最重要的是，目标还能帮助你在每天面对数十个抉择时快速作出决定。

比如说，你很清楚要让高尔夫的成绩突破80杆大关就必须多加练习。如果要你选去球场练

100次切球还是待在家看电视时，你就会知道自己该怎么做。

（4）挑战极限。如果你设定的目标挑战性不大，就换个新的目标。唯有挑战极限、跨出舒适区，才能够让自己成长，更懂得处理生活中突发的挑战；唯有挑战极限，才能实现生命的真正价值。

（5）保持弹性。经常审视自己的目标。不要同时设定太多目标，也不要害怕调整自己的目标。当你的价值观有了改变，目标也应该跟着调整。设定目标是为了鼓励自己不断超越，不是为了束缚自己。每年定期审视目标并作修正，能让目标更符合实际。

（6）把精力放在工作上。除了个人目标之外，在工作上也必须设定绩效导向的目标，以衡量自己可以达成的工作成绩。要想有良好的工作成绩，就要妥善安排时间，还要了解领导对自己的期待。如果你不清楚自己应该有什么样的表现，可以向领导询问绩效目标，厘清自己的工作方向。把心力放在绩效上，自己就能有更清楚的方向，这样就可以把内心的混乱或实际的混乱状况降低，工作效率也会更高。

关键思维

成功与失败的风险必定是相对的。走过放在平地上的绳索不叫成功。没有风险，成功自然不值得骄傲，也必然没有喜悦可言。

——雷·克罗克

世上没有任何东西能取代毅力。才能无法取代毅力，有才能的失败者比比皆是；天赋无法取代毅力，未充分发挥天赋的人随处可见；教育也无法取代毅力，这个世界充斥着受过教育却无所事事的人。毅力与决心才是无上的力量。

——卡尔文·柯立芝

不论你认为我的身份是什么，我从来就不是因循守旧的人，至少我不会认为传统观念绝对正确。相反，我经常发现，没有比传统观念瑕疵更多、更不可靠的东西了。

——保罗·盖蒂

我曾列出35个目标，却只在少数几个目标上有进步，到了后来我就变得意志消沉了。最后，我把这些目标重新梳理，只制订6个主要目标，这些目标不但没有让我沮丧，反而成了激励的力量。

——杰夫·欧森

我认为，人只要活在当下，未来自然会水到渠成。

——切斯特菲尔德

你一定要设定目标，目标就是有期限的梦想。

——哈维·麦凯

成功的关键是专注于自己拥有的事物而不是缺少的事物。

——费德瑞克·法兰克斯

我们必须学会追求卓越，甚至必须要求每一种社会认可的人类活动都必须追求卓越。如果人们普遍认为配管工作是低下的工作，因此鄙视优秀的水管工人，而哲学是高高在上的事业，因此忍受拙劣的哲学家，那么这个社会既不会有优秀的水管工人，也不会有优秀的哲学家。

——约翰·贾迪纳

一　工作不复杂

运用下列方法，尽可能简化自己的生活：

（1）拒绝琐事，或者至少要跟琐事保持距离。

（2）一次做好一件事。

（3）集中精力。

（4）致力于实际表现。

（5）专注于今天，而不是明天。

（6）善用拒绝的力量。

要过得有条有理，关键就是要简化自己的生活。找出对自己真正重要的事情（目标），就是在简化自己的生活。

确认目标之后，可以用下列方法简化自己的生活：

1. 拒绝琐事，或者至少要跟琐事保持距离

“加入学校的学生会？嗯，实在很不好意思，我已经担任了好几个公益性的工作，恐怕心有余而力不足，不过还是很感谢你们邀请我！”

大幅减少你参加的活动，不必担心自己会删减过头。你随时可以回过头去参加那些活动，尤其在你发现它们比自己想象的要重要的时候。

2. **一次做好一件事**

有时候，“一次做好一件事”的意思是指要拒绝同事浪费你的时间。如果你让同事觉得你总是随叫随到，他们一定会占你便宜的。不要老是让步，以至于让同事不懂得规划工作。当然，领导的要求除外。

有没有好方法可以一次做好一件事？清理你的桌面，只留下目前要做的工作，一件工作就好，然后一鼓作气地完成。

3. **集中精力**

研究显示，卓越人士通常具备特殊的天分，他们清楚地知道自己每天能为公司作出什么贡献，并会先完成这件有贡献的事。他们不会先喝杯咖啡、读本财经杂志，更不会先安排自己的私人活动，或先处理待办事项中比较轻松的事情。

只要集中全部精力在最重要的工作上，忘记其他琐事，就绝不会失去工作，因为这样的你对公司太重要了。你应该清楚哪些工作必须优先处理，并把它们放在待办事项中的第一位。

4. **致力于实际表现**

规划自己的专属成效表，评价自己要处理的事项，并且找出浪费时间的事项。

你可以把日常活动分成下列 4 大类：

（1）有成效的活动。所谓有成效的活动就是你认为能够促进组织（或是任何你正在进行的重大人生计划）成功的重要活动。这些活动有可能是招揽人才担任重要职位、训练新进员工、执行特别的项目、拟订近期计划、设计新产品、修改作业流程，或是努力做好自己分内的工作。

（2）急迫事项。这类事项包括：上司刚刚交办的紧急任务、必须谨慎处理的日常问题或是危机事件。

（3）次要事项。次要事项是你必须完成，但是并不紧迫的事项。这些事项可能包括整理档案、进行文书作业或是跟同事联络感情。另找时间处理这些事项，否则这些事会让你一团混乱。这类事项也有可能是重要事项，例如准备演讲稿或制订下一年度的计划。在最后期限接近时就要把这些事项规划成有成效的活动。

（4）浪费时间的事。这些是你应该敬而远之的事情，例如：可以避免的琐碎工作、花太多时间处理电子邮件与电话、接待突然造访的访客，或是玩电脑游戏等。

花在有成效活动上的时间愈多，事业发展就愈顺利。

5. **专注于今天，而不是明天**

排定优先事项之后就要立刻着手进行，即便是重大的事情也一样。相信你一定听过这句老话："千里之行，始于足下。"

专心做好今天该做的事，用今天扎实的成就为明天奠定稳固的基础，明天也将一帆风顺。

6. 善用拒绝的力量

拒绝不重要的人与事。因为别人的原因而让自己的工作变重、活动变多，会严重扰乱自己的生活；如果这些负担是长期的，那更可怕。某一天你会赫然发现，自己已经无法做好希望完成的工作，反而是在替其他人效劳，让他们的日子过得更轻松。

我今天要怎么达到成效
有成效的活动 ■ ■ ■ 急迫事项 ■ ■ ■ 次要事项 ■ ■ ■ 浪费时间的事 ■ ■ ■

二　任务不模糊

对大多数人来说，所谓“有效安排工作”可以分成下列两个方面：

◎成功完成自己负责的项目

◎有效管理团队的项目

1. 成功完成自己负责的项目

要怎么准时完成工作？答案是建立一套方法。

举例来说：

假设老板让你在下个周末之前交出一份进入墨西哥市场的可行性报告。要完成这项工作，应该遵循下列几项步骤：

（1）用自己惯用的说法重新定义这项任务。首先坐下来，拿一张纸或是其他工具，用自己惯用的说法重新定义这项任务，看看自己是不是了解下列几项问题：

◎要做可行性评估，必须有哪些资料？

◎报告应该包含哪些内容？

◎老板需要的研究范围有多大？

◎老板希望获得哪种结论？

◎老板为什么要你做这份评估报告？（答案会成为研究的主轴）

不要去找老板要答案。你应该大量阅读资料，并且征询同事的意见。要顺利执行项目，一定要定义项目内容，并且清楚规划执行的做法。

（2）简述自己要怎么进行这项工作。接下来，在纸上简短地列出自己需要哪些信息以及要怎么取得这些信息。

（3）跟老板确认自己的方向是正确的。写条简短的备忘录给老板（或是简单会谈一下），向老板报告你认为重要的事项以及你要怎么进行这项任务。这样，你的老板就有机会说“没错，听起来很好”或是“不对，我比较希望知道的是……”之类的话。

（4）详细规划自己的工作。现在，再看一遍工作概要，着手规划工作。你必须搜集信息、分析资料、得出结论，并公布研究结果。规划工作这个阶段是不能打马虎眼的，花时间规划工作是最有效益的事情。拿出待办事项表和日程表，安排时间进行上述工作，然后按表工作。

（5）执行工作。

（6）检查工作。每次任务完成后都必须检查下列几项问题：

◎哪些方面遇到了问题？

◎如何避免这些问题发生？

◎能不能做得更好或是更快？

◎应该征询其他人的意见吗？

如此，你才能从成功或失败中学到经验教训，也才知道自己下一次要怎么做才能更好地完成项目。

2. 有效管理团队的项目

上述几项基本原则可以帮助你妥善安排自己负责的项目，再加上其他几项原则，你就可以有效管理团队项目了——只不过你必须更仔细地规划才能保证进度，还要处理另一项可能是障碍也可能是资源的要项，那就是其他同事。

举例来说：

假设你的老板要你带领一个项目小组去争取一笔400万美元的政府合约，设定的期限是2个月。

要管理这个团队项目，关键步骤包括下列几项：

（1）用自己惯用的方法重新定义这项任务。写下团队必须达成的目标以及公司希望获得的结果。在这个阶段，规划与安排愈仔细，在执行的时候就可以省下愈多时间与精力。

（2）简述执行工作的方法。全心思考下列几项重要问题：

◎执行的步骤是什么？

◎会牵涉到哪些部门？

◎必须进行多少研究？

找出自己需要哪些人的协助，不必担心这些人能不能加入，这个问题可以请领导帮忙解决。

（3）向老板报告目前完成的规划。撰写备忘录，提前清楚说明每一项无法解决的问题。如果你在项目进行到一半时再重新定义整个项目，就会浪费大量时间。直接请老板帮忙，找来你认为最合适的人手负责执行这个项目。

（4）与所有小组成员会面。结合团队的力量让计划更完备，简述团队必须达成的目标，并且征求成员的意见。一定要取得所有成员对这项计划的共识。

（5）设定重要的时间节点。时间节点是整个项目中个别阶段的期限，是为了保证项目的进度而设定。假如期限是合理的，就必须严格遵守，不得任意变更。如果你（或是任何成员）一直赶不上预定的期限，整个项目很快就会失去动力。

（6）发布执行备忘录，明确规定大小事项。在跟成员会谈之后，把会谈内容写成备忘录，清楚规定工作日程以及每位成员的任务和时限。可以考虑使用电脑软件制作条状图等图表追踪进度。

（7）让每位成员各司其职。

（8）定期汇报进度。在你的日程表上标示出每个时间节点。另外，定期举行小组会议，确保工作顺利进行，还要挪出时间检查执行进度。

所有成员对计划取得共识之后，就会按照各自的方法执行分内工作。在某些情况下，你有权要求大家按照你的命令做事，但是在一般情况下，所有团队成员都是平等的，应该尊重他们的自主权。

（9）项目讨论。再次跟老板开会，讨论整个项目进行的状况。有些重要的项目应该定期跟老板汇报进度。这样做一方面可以让老板借这个机会告知你有什么变化，另一方面也可以让老板运用自己的人脉争取更多资源或是有利条件。

三　时间不拖延

要妥善规划时间，完成生活中的重要事项，必须使用4项工具。

这4项工具分别是：

◎时间日志

◎待办事项表

◎桌历或记事本

◎工作完成期限

以下分别说明这4项工具：

1. 时间日志

掌控生活的第一步就是找出时间用在哪里。你可以试试下面这个有趣的小实验：现在就坐下开始回想，一小时、一小时地回想自己一整天的活动。你的大脑会十分快速地告诉你，你把绝大部分的时间花在了寻找潜在顾客、训练新进员工、联络重要顾客或是任何其他重要的分内工作上，但是时间日志会呈现出不同的结果。

时间日志会让你知道你花了多少时间在跟营业员讨论股市、有多少时间浪费在无聊的电话上，又有多少紧迫却不重要的事项让你没办法跟经销商通电话，而这通电话才是真正重要的。

记录时间日志很简单，随时在自己身边摆一本小笔记本或是一张纸，以分钟为单位，详细记录自己是怎么使用时间的。

举例来说：

10:08 荷西跑进来讨论营销计划。

10:31 完成扩张到犹他州的备忘录，查看电子邮件。

10:36 出差的吉姆来电，要我传真文件。

10:49 回头处理电子邮件。

11:01 电子邮件处理完毕，整理一般信件。

11:08 康妮来电，询问晚上要不要一起吃饭。

11:14 看看信件，翻阅财经杂志。

11:45 跟海克特吃午饭。

以此类推。开始进行这项程序的时候会很痛苦，但是一定要坚持下去，这很重要。你会发现有多少事情干扰你、有多少事情是可以避免的，还会发现你花在重要事情上的时间也就是花在有成效活动上的时间竟然那么少。

你其实根本不必接康妮的电话，尤其是她开始谈论她男友的时候更应该结束通话；跟荷西讨论营销计划的时间可以从 20 分钟缩短成 10 分钟，而且荷西也应该先跟你约好讨论时间；而吉姆做事缺乏条理是出了名的，他要你帮他传真文件是因为他知道你会在办公室，而且你也会愿意帮忙，其实你大可把这件事委派给别人；你花太多时间看信件，因为你不想在午饭前开始做任何工作。

记下一整天甚至一周的时间日志，只是要让你明白，要让生活更有条理、要让工作更有效率，你就必须掌握自己运用时间的状况。当你能掌控自己的时间，就可以不再记录。因为这表示你已经可以找出时间心无旁骛地工作了。

2. **待办事项表**

既然你已经知道自己竟然只花了那么少的时间在做真正的工作，那么就每天早上花5分钟规划一下自己一整天或一整个星期的时间吧。如果能够在前一天晚上就做好时间规划那就更好了。

大多数人都会制作待办事项表，如果你没有，现在就开始着手进行。要合理规划自己的时间，绝对少不了待办事项表。

你可以把待办事项表分成两部分，一部分列出所有必须完成的杂事或是行程；一部分列出重要的长期目标，这些目标可能混杂了工作以及家庭各项事务。

如果不确定有些事该归到哪一类，回头参考自己的成效表。

3. 桌历或记事本

接下来在日程表上规划时间，着手处理待办事项。你必须按照跟他人的约会或会议来安排时间，所以先把这些时间写下来，然后安排自己的行程。比较长的时间用来完成长期目标，比较短的空当儿处理杂事，例如查看邮件或回复电话等。

把剩下的时间留给那些无法避免、会造成干扰的突发事件，这些事件可能重要也可能不重要。

尽量把相似的工作合并在一起处理，例如每天花 15 分钟一次读完所有电子邮件，每天在两个时段回复电话，一次在上午，一次在傍晚。

每天的规划都不太可能尽如你意，因此，规划安排一天的时间时要留下约 1/3 的弹性时间。这段时间可以用来解决工作中必然会遇到的一些现实问题，例如突然面临的危机、与他人必要的沟通、必须解决的紧急状况，或是突然被要求写一份报告。

避免干扰。要进行长时段的工作，最重要的就是不要让自己受到干扰。试着关上门、把电话留给秘书或转入语音信箱、躲进没人使用的房间、留在家里或是到跟工作不相干的地方工作。

如果你真的不能避开旁人的干扰，那么就早一点起床，在家里工作，在不引起同事反感的前提下，尽量晚进办公室。或者你也可以早别人2小时进办公室，这远比每天晚上把工作带回家或是牺牲周末要好得多——这些时间应该用来跟家人相处、处理个人事务还有学习充电。

4. **工作完成期限**

为自己订下完成工作的期限并且严格遵守。严格设定这些期限不可改变对于你安排时间会有不可思议的功效。你会发现，突然之间，你可以很轻松地拒绝别人，很轻松地避开电话或是不请自来的访客。

其实，设定工作期限不会让你增加多少工作

量，也不会增加多少工作时间。你也不必每晚拖着公文包回家。只要专注在重要的事情上，排除不重要的事情就可以在期限内完成工作。

四　文件不堆积

你怎么处理生活中的文件会大大影响你的生产力。

基本上，有效处理文件的方法包括下列几项：

◎彻底清理办公桌面

◎将文件归档

◎按字母顺序存放档案

◎及时处理接踵而来的文件

◎整理堆积的待读文件

◎定期清理档案

如果没有合适的方法处理和保管桌面上的各种文件，就无法有效工作。能够快速找到文件，快速调整工作步调，着手进行其他真正该做的工作，能大幅提高工作效率。

要做到这一点，必须把相关的文件集中存放，还要知道怎么快速找到这些文件。

有些专家说："你应该在10秒钟之内找到办公室内的任何一份文件。"有些人也许可以做到，但是你不必达到这种标准，只要你能够在1分钟左右找到任何文件就可以了。

以下几项建议可以帮你有效处理文件：

1. **彻底清理办公桌面**

要发挥你的最大潜力，让自己完全专注在眼前的工作上，必须要彻底清理办公桌面。这么做能够给自己空间有效地整理思绪。

你必须强迫自己处理堆积如山、妨碍工作的文件，否则你无法高效地在办公桌上工作。要迅速地清理桌面，可以把所有文件集中到办公桌一角或相邻的档案柜里，并且只在少数几个地方存放文件。

2. **将文件归档**

要归档文件，只需要下列几项工具：

◎一两个档案柜

◎一盒文件夹

◎一盒吊夹

◎一些标签

整理所有零散的文件，把内容相关的文件收到一个文件夹里，并且把文件的内容清楚地标示在标签纸上。如果你需要好几个文件夹才放得下文件，完成上述工作后，再把这些文件夹集中在一个吊夹里。

除了目前正在处理或是经常会用到的文件夹之外，其他的文件夹都应该收到档案柜里。如果日后还会增添资料到这个文件夹里，就要用专用的吊夹收集。如果不会，就把这个文件夹跟其他相关的档案放在一起。想个能让自己记住的名称标示这个文件夹，并且这个名称要能提醒自己文件夹里是什么内容。

3. **按字母顺序存放档案**

在起档案名称时，按照自己的习惯标示就

好。名称要能描述档案内容，还要特别些才会好记。如果有某个档案很不好找，那么你应该重点好好记住这个档案的名称，或者重新给它命名。最后，你可以按字母顺序存放档案。

你还要找个地方存放目前正在使用或是经常会用到的文件。买个桌面吊夹架是个不错的主意。这种吊夹架非常好用，材质可能是金属或塑料，有各种尺寸。吊夹架可以让你轻松找到当天或当周会用到的所有文件。

4. **及时处理接踵而来的文件**

要处理最新的文件，首先要准备一个大垃圾桶。其次，在桌上粘一张便利贴，写上“尽量丢”。然后最重要的是努力把大部分生活中接触到的文件进行分类。

在查阅邮件、备忘录还有报告的同时，问自己下列问题：

◎“我必须细读这份文件或是处理上面所说的事项吗?”

如果不必，立刻丢掉。

◎“我必须保存这份文件吗？”

如果不必，丢掉。

◎“我应该把这份文件转交别人处理吗？”

如果可以，转交给合适的人。

◎“如果我必须保留这份文件，我是要暂时保留还是要永久存放？”

如果只是暂时保留，就把这份文件归档摆在桌上，档案名称可以是“现用”或是其他类似的名称。要是文件过于厚重，例如杂志或是报告，就整理成一叠待读的文件。定期翻阅自己的现用档案以及待读的文件，剔除其中没有用处的文件。如果某个文件是必须长期保存的，就建立一个专属的档案或是跟其他性质相近的资料归档在一起。

◎“我必须即刻处理文件上所说的事情吗？”

如果有必要就立即处理，如果没有必要就把这些事列入待办事项，并且归档在自己会记得的地方。

有时候你会十分烦恼，不清楚有些文件到底该不该保留。这时就问自己："如果我不保留这份文件会怎样?"你会发现，大约有80%的文件都不是那么重要。如果你仍不确定，就把这份文件丢到现用的档案夹里，让时间帮你厘清这些文件的重要性。

5. **整理堆积的待读文件**

每位经理人似乎都有堆积如山的杂志、报纸跟简报。随着这些读物日渐堆积，把它们一股脑儿地丢进回收桶的欲望也就会更强烈。可别这么做，这当中也许有价值连城的宝物！找到宝物的秘诀是选择性阅读：挑出一本杂志，检视目录，圈出自己想要读的文章，然后直接翻到那几页；如果你必须暂时把杂志放下，在你再次阅读之前一定要先查阅目录。

如果你的待读文件真的多到让你喘不过气，试试下列这种大刀阔斧的方法：给自己限定时间翻阅这些杂志，挑出自己想要读的文章，把这些文章剪下来（或撕下来），用订书机钉在一起再收进文件夹里。时间到了就把剩下的杂志全都丢进回收桶里。不久之后，你就会有一份你需要的自选读物。

6. **定期清理档案**

每年找出一个上午整理档案柜跟抽屉，丢掉自己用不着的文件。这里提供一个好用的经验法则：一年以上没读到的文件就丢掉。同时利用这个机会，调整自己归档的方法，取消那些不大用得着的类别，增加新的类别或是子类别。档案分量如果过大或过小，就表示该调整了。

这项一年一度的整理还可以帮你找到失踪已久的珍贵资料，例如自以为遗失的文件、之前写下却忘掉了的好点子，还有过去成功的记录等。

定时整理电脑文件，例如每 6 个月整理一次。整理电脑文件要比整理纸质文件更小心，因为你没办法用分量判断哪些文件该调整。不过，良好的搜索功能通常可以让你找到所有需要的资料。

你应该让生活变得更有条理。有条有理不是简单地抛弃，而是一种生活方式。

五　浪费时间的事情不要碰

工作上最浪费时间的8种事情分别是：

◎参加会议

◎记录不必要的报告以及备忘录

◎他人的突然打扰

◎拖延症

◎完美主义

◎等待别人赴约

◎花太多时间准备报告与总结

◎等待其他人完成他们的工作

简单来说，要提升个人的工作效能，就要尽量避免把时间花在没有实效的事情上。

以下建议可以让你不会因为上述这些事而浪费时间：

1. 让会议更有效率

很多会议是必要的，但也有至少一半的会议是不必要的。很多会议举行的方式非常不恰当，使得这些会议原本可能带来的价值都没有体现出来。

不要不假思索地同意那些硬塞进你日程的会议，每当受邀与会时，都要问下列几个问题：

◎我一定要开这个会吗？

◎如果一定得开这个会，我能不能控制自己开会的时间？

◎我要作哪些准备才能让会议更有效率？例如事先询问会议的内容，为会议作准备；如果这场会议没有明确目的，跟会议召集人商讨一下，请他们提出清楚、扼要的目标。

不论是主持会议还是参加会议，都必须要求开会要有价值。就算无法达到你的要求，这样做也可以让其他人不再要求你参加没有意义的会议。

2. **减少不必要的报告以及备忘录**

有时候，你会被指派接替别人撰写报告这种费时的工作——这份报告长久以来一直都存在，所以没人质疑它的价值。

这时你要调查一下，到底有谁会真正看你写的报告。如果大家还是认为这份报告很有意义，认真地完成这份报告。不过，如果根本没有人会看，直接问你的领导有没有必要写这份报告，并说明你认为应该废除这项工作的原因。你的领导应该会表示赞同，除非还有一些其他的考量是你不知道的。

3. **避免他人的突然打扰**

如果你不善加处理，别人可能会占用掉你大部分的工作时间，例如：

◎给你打电话讲些无关紧要的事情。

◎突然到办公室找你。

◎因为一些小事要求跟你会面。

◎正事办完以后还留下来与你聊天。

◎发电子邮件给你讲一些琐碎的事情。

要避免这些事情降低你的效率，可以采用下列方法：

（1）学会起身并面带微笑地伸出手说：“很高兴跟您讨论，不过我还有其他事情要处理。”然后继续工作。

（2）在电话中，你可以说：“我不打扰您了，您一定还有其他事情要做。”然后挂断电话。

（3）如果必须处理过多的电子邮件，干脆忽略这些邮件，就算是寄件人问“你有没有收到我上一封信”也一样。对方很快就会了解你的意思。

总之，要主动积极地控制时间，不要把时间浪费在没有实效的活动上。

4. **拒绝拖延**

人拖延事情的原因千奇百怪，而且常常十分复杂。有时候，拖延是因为你把一项工作看得太重、想得太久。单是去想要怎么执行这个工作，就会让你无法承受。

一种有效解决拖延的方法是在日程表中挪出一段时间完成该项工作。

如果你连这样都无法做到，试试看下面这个方法：

告诉自己，只花10分钟处理这项工作（你甚至可以用手表或是计时器，计算你真正花在这项工作上的时间）。开始进行之后，你可能会发现自己乐意继续做一个小时以上，甚至可能会想一鼓作气来完成这项工作。即使你只能忍耐10分钟，也至少离完成任务又更接近了一些。

这个方法之所以有效，道理很简单：拖延常常是因为不愿跨出第一步，只要开始，你通常会发现，一路把工作做完其实没那么难。

5. 拒绝完美主义

要想把一项工作做到完美，需要大量的时间和精力。许多工作狂都是完美主义者，因为追求完美他们常常不能按时下班回家。

大多数工作都不会苛求完美。要免于过度追求完美，可以采用下列方法：

（1）遵循 80/20 法则。就大多数工作来说，80％的价值来自这项工作 20％的成果。因此，找出那 20％的成果是什么，全力创造这 20％的成果，忽略其他 80％只具有边缘价值的成果。这样，你的生产力就会大幅提升。

（2）想清楚下列 3 种品质有什么差别：

◎专业品质

◎可接受的品质

◎勉强及格的品质

之后，每当你接手一项工作时，先问自己要达成什么样的品质。试着达到专业品质没有什么不对，只不过要先确定自己不会白费力气在无关轻重的事情上。有些事情对个人的职业生涯没有帮助。

6. 避免等待别人赴约

如果你的工作伙伴开会时常迟到，或者你的

朋友总是无法准时赴约，接受戴尔·卡耐基的建议，为自己的时间设立“停损点”。

时间停损点的作用如下：如果你有一场会议是在上午 10 点，而到了 10 点 10 分或是 10 点 15 分都还没有人出现，那你就应该自行离开。午餐可以有 10 或 15 分钟的弹性，但还是要减少自己损失的时间。你的同事和朋友很快就能学会守时。

有可能让一两个会议流会才能让大家了解你的态度，但这么做是值得的。而且这么做可以在每周的日程之中为自己多挤出一两个小时，这些时间可以用来创造价值而不必浪费在等待上。

7. 不要花太多时间准备报告与总结

有些企业文化非常注重作报告的方式，认为方式与心得和建议的内容一样重要。这么一来，员工必须熬夜或是利用周末准备幻灯片，一遍又一遍地练习作报告，或是费尽心思地找合适的字体，只为了让书面报告更美观。这一切当然都会造成时间的浪费。

问自己下面这个问题：我的上司真的这么看重这些努力吗？或者这只是同事之间的竞争？

想清楚自己花时间准备书面报告或报告资料到底是为了什么。如果真的有必要呈现出“世界级”的成果，就尽管去追求。然而，如果没有理由非这么做不可，那么把时间用在其他事务上会比你不断修改自己整理的资料更有实质意义。

8. 避免等待其他人完成他们的工作

如果其他人没能依照约定完成你所交办的事项，应该不断提醒他们，直到他们达成你的要求为止。

你的态度要友善、有礼貌，但也一定要坚决。别人也许会把你看成是严苛的监工，但不必在意，你会获得自己希望得到的结果。

对你来说，什么事最重要：

◎完成既定目标？

◎成为受所有同事欢迎的人？

如果你希望别人依据你的工作能力来评价你，而不是依据你的态度评价你，那么你应该采取的态度就只有一种：不断提醒他们去完成答应你要做到的事情，直到他们做到了为止。

延伸阅读

习惯和态度决定效率

文/汪迎仙

如何在混乱中找出条理并完成任务？我认为如果事前能“切实”作好计划，混乱出现的情形并不会太多。记得我刚进入保险业时，由于这个行业和我过去所从事的行业完全不同，加上当时应该负责训练我的主管又还未到任，因此我完全不知道如何去规划或准备工作，以致每天都在忙着应付各种状况，生活和工作都处于非常被动的状态。但现在随着对工作性质和自己生活步调的了解，我通常都能依照自己的计划完成每天的工作进度和目标，意外状况并不多见。因此，我必须说，与其去想如何在混乱中完成任务，不如先问问：为什么会有这样混乱的局面出现？是不是对工作或自己的能力还不够了解，因此没能先作好准备？这正是杰夫·欧森提到的：消除混乱的第一个关键因素，就是你必须先了解造成混乱的原因。

凡事要先作计划、作准备，这个道理似乎每个人都知道，但很多人总是抱怨：为什么计划永远赶不上变化？这时不妨回头检视一下计划失败的原因。先问问自己：我的目标是不是不够明确而导致有计划相当于没计划？以保险公司为例，公司为了帮助员工达成业绩目标，通常会安排很多短期的竞赛活动。由于每次竞赛都有明确的目标，员工只要专心于达成每次竞赛的目标，一年下来就不会离年度目标太远。在订计划时，把一个大目标分割成许多小目标然后一一达成，这确实是个好方法，但是我不赞成降低目标。依据我的经验来看，人的梦想有多大，成就就有多高。我刚进保险业时什么都不懂，但当时我就发愿，自己要变成年薪千万的“超级巨星”。三年后我做到了。把一个大目标分割成许多阶段性的小目标和直接降低最终目标是完全不同的做法。前者的每一次成功都是朝向最高目标的过程，后者却是因为害怕自己达不到目标而主动降低了标准，这是放弃了挑战自我极限的机会——在这种情况下，即使达到目标也没有任何的意义。

1. 弹性让计划可以跟上目标

目标要订得明确，但不能缺乏弹性，因为一旦缺乏弹性，计划就很容易失败。就我个人而言，今年要达到的目标我会要求自己在前半年就完成，这其实也是给自己一个较宽裕的弹性时间。因为如果我的计划真的要到年底才能达成，那一旦年底时出了状况就完全没有补救的机会了。此外，我在作每日计划时也会为每件事多留一些时间。多留的时间就是为了应付突如其来需要处理的事情。因为有了这样的弹性时间，每天的计划才能不被破坏；如果每件事的时间都卡得刚刚好，只要一件事出了状况，那整天的计划就都得走样了。这正是混乱的来源。此外，如果一天有 10 件事要做，我不会只列出有哪 10 件事，还会先预估每件事大概需要的时间——当然这已经包括应付突发状况的弹性时间。这样做的好处是，如果发现工作有落后的现象，就可以利用中午休息的时间把早上落后的进度补上，不至于下午的计划受到影响。不论如何，“今日事今日毕”是一定要坚守的信念。

关于计划的弹性问题，不只是要为每件事预留较多的时间，而且要求计划本身必须具有弹性。例如，身为保险财务规划师，我们经常会和客户约定见面，我对自己的要求是绝不迟到。为了防止浪费顾客的时间，我一定提前出门，而且对每个时段的交通路况也要稍有概念，这样才能比较精准地控制花在交通上的时间。如果遇到客户临时有事改变时间或是延迟赴约的情况，我也不会浪费时间空等，因为每次出门前我都会先作行程规划，把能在同一条路线上处理的事情安排在一起，这样做不但可以节省往返的车程，而且一次出门就能处理很多事情。一旦遇到 A 客户临时有事，我就能马上作出应变，先拜访附近的其他客户，加强自己和客户的情感沟通。此外，我也会随身携带一些书籍或是杂志，利用零碎或等待的时间阅读，这就是计划的弹性。

2. 好习惯是做事的最大动力

不论执行任何计划，培养良好的习惯都是非常重要的。以保险公司为例，销售保险原是非常自主的工作，每个人都是自己事业的老板，但是为了培养员工良好的习惯，保险公司要求所有员工每天 8 点 45 分一定要进公司，接受专业知识培训，目的就是养成员工早起工作、作息时间正常的良好习惯，三天打鱼两天晒网是什么事也做不好的。习惯一旦养成，就会变成生活的一部分，除了养成良好的作息习惯外，积极学习、乐观地面对挫折的态度也要积极培养。养成良好的习惯和态度，你的执行力就会增强，你就更容易达到目标。

每天在计划内的事情有很多，但是“一次做

一件事”永远是最重要的方法。专心会让你的效率加倍，无形中也就能省下很多时间。但是每个人一天的时间毕竟有限，你必须选择“做重要的事”，把可以请别人代劳的事充分授权给别人。在保险界很多超级业务员都会聘雇助理，有时候还不止一位。面对这种情况，很多人会想，请了助理不是把自己辛苦赚来的钱又分出去了吗？但事实是，你只有把例行而琐碎的事交由别人去执行，才可能把全部的精力用在开发业务这件最重要的事情上；你用更多的时间和精力开拓市场，业绩就会愈来愈好——这正是一种良性循环。不只如此，为了提升小组整体的业绩，目前我正积极吸收优秀的人员加入工作团队，特别欢迎那些年龄在28岁到50岁、大专以上学历、曾任职4年以上主管职位、年收入60万以上的成功人士。我相信，愈有优秀的人才加入工作团队，团队的战斗力及业绩就愈能有优异的表现。因为即使是最重要的业务开发工作，我也不可能事事亲力亲为。除了工作，再举个生活上的小例子。我自己会开车，但是平日很少开，主要是我想把乘车的时间省下来看书。因此即使一天我要花上一两千元的车费，我还是愿意花钱乘坐出租车。

作为财务规划师，我每天要联系很多客户，因此客户资料的管理非常重要。公司对所有客户有统一的资料管理系统，但是我自己也会专门建立客户资料档案。现在利用电脑管理客户资料十分容易。我不但会将客户的基本资料存档，还会将客户的喜好或是习惯加以标记，这些细节在与客户交往时往往有很大的帮助。通常只要客户的基本资料有变动，一定会和公司或我这边联系，我就随时更新，绝不拖延。除了在电脑内建档，我还存有纸质的客户档案夹，主要是为了确保安全。档案置放的方式是依客户姓名笔画顺序排列，这样在查资料时比较方便。平日外出的时候，我则利用PDA帮忙管理客户资料，PDA在客户资料的储存和更改上都比传统以笔记本记载的方式方便，现代科技是帮助自己提高工作效率的利器。

3. **了解自己，培养自信**

自律是达成计划、让混乱情况减少的法宝，但是总不免会有朋友或客户突然来电，而且可能占用很长时间。面对这样的情况，我的处理方式是：向对方表示现在手边有事，请对方留下电话，等到有时间时再回复。这样的做法既不会扰乱自己的计划，也能在事后专心解决朋友或客户的问题。学会说“不”，其实也是时间管理中重要的课题。

除了他人突然打扰，在公司里最浪费时间的大概就是开会和填写一大堆报表了。但是在保险公司还好，我们的工作很自主，制度化的会议和报表都不多，我个人也不会要求下属做不必要的报表，这主要也是依循充分授权的想法。另外据我观察，因为要求完美而迟迟不敢出去拜访客人也是很多新来的财务规划师常常不能达成目标的主因。很多新来的财务规划师也许是因为害怕，也许是因为觉得自己的专业知识还不够，所以一直没有去拜访客户。如此一来，要达到要求的业绩自然也不容易。其实很多事情都是要在做中学的，专业固然是基本的要求，但成功往往并不是因为财务规划师的专业而是因为他们的态度。

混乱源于对事情掌控的能力不够。当愈来愈了解自己的工作环境以及习惯后，订出的计划会相对比较可行，成功率也会提高，自然也就没有太多所谓混乱的情况出现。培养自己的专业、好习惯、好态度，选择做重要的事、学习说“不”、排除过多外在的干扰，如此一来，要达成任务其实并不难。

作者简介

汪迎仙，台湾政治大学公共行政学系毕业，曾任职于“中华”电信、休士顿顶好旅行社，现为宏利人寿处经理。

成功的心智密码

The Secret Code of Success

7 Hidden Steps to More Wealth and Happiness

原著作者简介

诺亚·圣约翰（Noah. St. John），毕业于美国汉普夏学院，曾受到美国有线电视新闻网、美国广播公司、国家广播公司、哥伦比亚广播公司及福克斯新闻台等的媒体报道，也曾受到《华盛顿邮报》《销售力》杂志及《PARADE》杂志等平面媒体的专访。圣约翰曾创办健身美容中心，目前则是培训公司的创办人兼CEO，并主持电视节目《WealthyFunTV》，著有《成功的许可证》及《对成功给予肯定》等著作。

本文编译：黄玩

主要内容

主题看板

提出启发性的问题

《CSI 犯罪现场：拉斯维加斯》是一部极受欢迎的美剧，除了剧情悬疑刺激，也不乏充满智慧的隽永小语。夜班主管葛瑞森对于鉴证科的工作曾经下过一个很好的注解："我总是错的，那是我让自己对的方法。"求证的过程需要不断提出疑问才能抽丝剥茧找出真相，葛瑞森善用询问自己的方式从自我对话中找出问题的症结。同样的方法也适用于普通人——好的问题能激励人心，使人发现自己的问题或者找到自己的目标。而提问型的文化甚至可以激励整个组织。

《问题的艺术》作者玛瑞丽·古登伯格发现，大多数人不懂得问自己问题，即使这些疑问实际上控制着人们的思维、感觉、行动，影响着事情的结果。如果处在一个鼓励提问的文化环境中，人们就会更了解自己、更清楚知道有哪些选择，也更能经由深思熟虑后再作决定。自省能让人清楚自己的内在感受，因此也更能察觉到这些感受如何影响了他们。自省帮助人们了解自身的价值观，也更清楚自己的短处和长处，因此可以让人们准确地自我定位。

提出好问题也具有驱策力。如果能让员工不断问自己如何向上提升，就能塑造强有力的企业文化。以美国麻州水电商温特斯铅管为例，其他公司的水电工可能会问："要怎样才能尽快修好漏水的水槽?"然后修好水槽。而温特斯的水电工就会问："要怎样才能给顾客最好的服务?"然后他会仪容整洁地赴约，修好水槽，甚至把周边环境清理干净，给顾客最满意的服务，这就是启发性问题所带来的进步。

争取无条件的支持

《富爸爸穷爸爸》系列作者罗伯特·清崎在他的理财课程中要求大家做一个小测验：每个人写下 10 位最亲近的朋友，他们的财务状况以及他们对金钱的看法。等大家回答完毕，清崎才问大家是否发现自己和所写的人财务状况差不多。他所要传达的就是中国的传统思想："物以类聚，人以群分；近朱者赤，近墨者黑。"

想要成功，就需要他人的支持，所以我们应该结识那些能在我们的人生和职业生涯中带给我们支持的人。有了他人的支持，我们自己的信心会更强大。任何人都无法客观公正地看待自己，要找出自己的优点和缺点，必须寻求他人公正无私的意见。能够作这种评断的人，就是愿意无条件支持你、希望你成功的人。

激励大师安东尼·罗宾说："想要减肥的人千万不要跟胖子在一起。"吉尼斯世界纪录保持者乔·吉拉德也说："每个人都有 250 位朋友，而这些朋友有 80％对你毫无帮助，只有 20％的朋友是属于较积极的，会给人正面的影响，有 5％的朋友会帮助你，使你的一生发生重大改变。"我们应该结交的就是这 5％的朋友，能无条件支持你的朋友。他们能够直言不讳地提出客观公正的意见，为我们清楚地指出前进的方向。

编辑室报告

要知如何，先想为何

如何在30岁前积累财富？如何成功领导团队？如何赢得客户？……在我们追求成功的路途上，“如何”两个字几乎是我们思考的所有重心。然而任何决定或选择，如果不问“为何”只问“如何”，往往会本末倒置，无法形成更高层次、更明确的目标。

在设计、创新上，常常提及“know－how”（如何）与“know－why”（为何），所谓“know－why”就是价值观、论述、理由、信念，这些“know－why”足以成为人生哲学，成为选择的依据，并且可以将目标转化为坚定的力量。如果我们心中清楚地知道自己订下的目标是为谁、为何，就可以最大程度地发挥勇气和毅力，克服所有挑战，达到目标。

不知“为何”只求“如何”就好像是乱枪打鸟。在这种情况下订出的目标，随性、偶然，有时还会相互矛盾，往往禁不起考验，很快就会被放弃。

启发创新思考的“IDEO 方法卡”当中有一种技巧叫做“5Whys”，用以了解使用者的行为与意图，进而分析其行为与心智模式。顾名思义，“5Whys”就是要连问 5 次为什么，借此像剥洋葱一样，一层层探索问题的真正核心。举例来说：

Q：你为什么要运动？A：因为运动有益健康。

Q：运动为什么有益健康？A：因为运动可以提高心跳率。

Q：提高心跳率为什么重要？A：因为可以燃烧更多卡路里。

Q：为什么要燃烧更多卡路里？A：因为可以减肥。

Q：你为什么想减肥？A：因为别人看我的眼光让我觉得必须减肥。

从这个例子来看，有益健康等答案都只是表面的，而旁人对于肥胖者的眼光才是受访者真正想解决问题的原因。真正的目标，才是真正能驱策受访者去运动的动力。

一次又一次地问“为什么”，就能慢慢找到真正的核心、真正的目标、真正的动力。这个创新思考的方法可以套用在我们自己身上，也就是说要达成理想目标，应该多问自己“为什么”，借以厘清思考、坚定想法。

5分钟摘要

潜意识是取得成功的关键

显意识在我们脑部功能中所占比例不到10%，这部分心智最主要的思考重点就在于如何成功。

潜意识占脑部整体功能的90%以上，是习惯、行为、反射动作及自我信念的总和。你成功或是失败，原因全都藏在这里。潜意识的思考贯穿在你人生中一切的“为何”与“为何不”中。

目前美国人一年花在自我成长相关产品上的金额超过110亿美元，但是用过去的老方法获致成功——这套方法包括：设定目标、朝目标努力、定期评价自己的进展、不断尝试直到达成目标，还是有其弊端的。其问题在于只关注了显意识中“如何成功”的方面，而忽略了潜意识或情绪的障碍，也就是“为何要追求成功”及“为何不要”等方面，而这些可能正是阻碍你获致成功的重要因素。

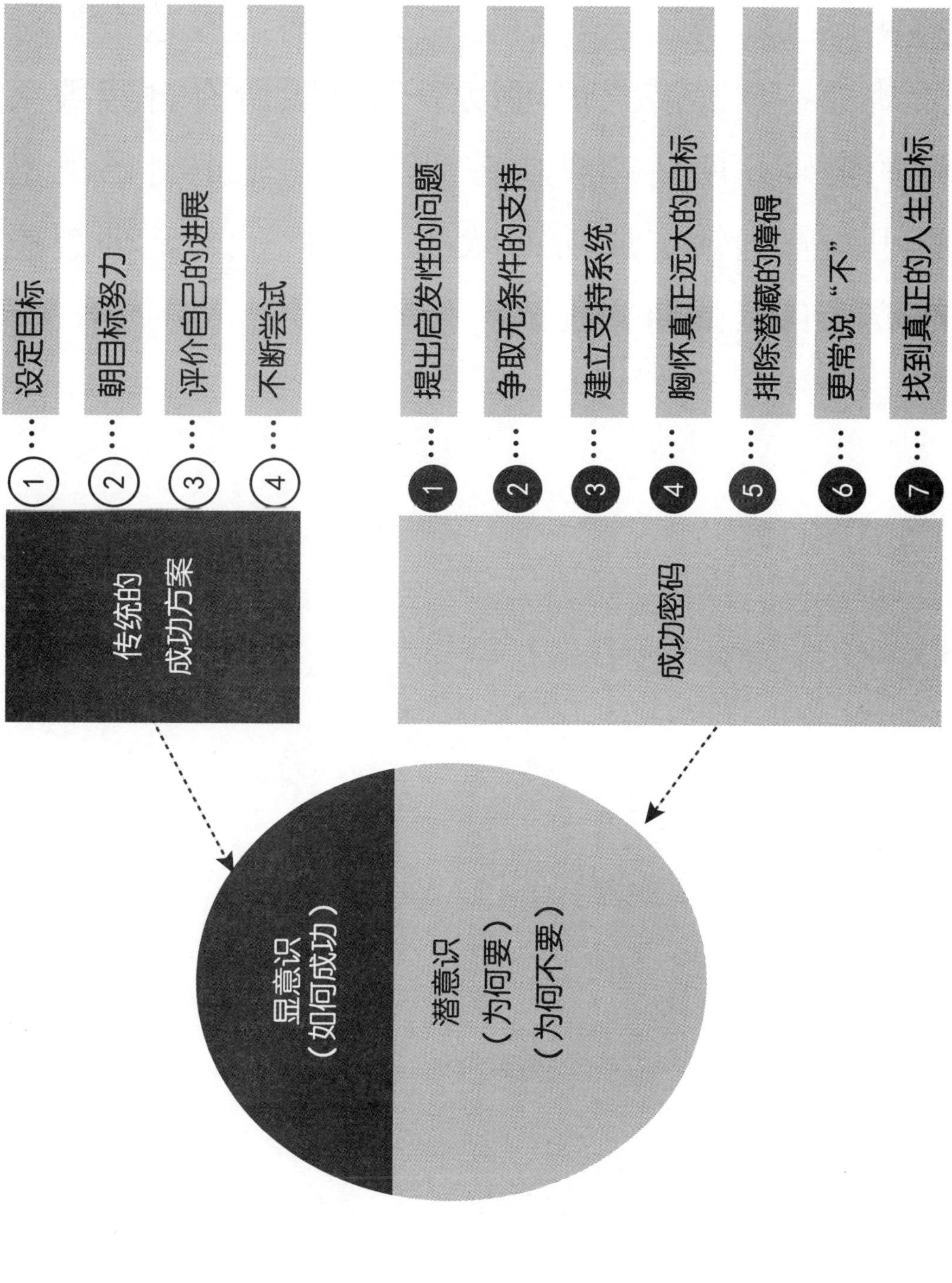
传统的成功方案
①……设定目标
②……朝目标努力
③……评价自己的进展
④……不断尝试
成功密码
1……提出启发性的问题
2……争取无条件的支持
3……建立支持系统
4……胸怀真正远大的目标
5……排除潜藏的障碍
6……更常说“不”
7……找到真正的人生目标
显意识（如何成功）
潜意识（为何要）（为何不要）

要获取长远的幸福、成就和财富，就必须全力使自己的潜意识和目标一致，和达成这个目标的动机一致。潜意识可以帮你排除所有自我毁灭性的阻碍。所谓“成功密码”就是先把自己的潜意识调整到锁定成功的状态。如此一来，理想中的成果自然就会实现。

一 提出启发性的问题

当你去追求目标时，应该提出心中的问题，借此改变潜意识的思考模式，使其从负面转向正面。在寻找答案的过程中，你会发现自己对人生和事业有一套全新的想法，并因而采取不同的行动。

在人们的老观念中，一个人过去十年所取得的成功都应予以肯定，也可以据此设定自己未来想实现的目标。人们还建议你要不断地告诉自己：

◎我很富有。

◎我事业有成。

◎我很满意自己在专业领域上的进步。

过去的方法认为，即使你的预想在一开始不见得是真的，但只要你不断重复对自己说这些话，你就会发现自己被一股无形的力量牵引至那个方向，直到你说的话最后成真为止。可问题是，你是在花时间和精力去说服自己的心智，要心智去相信一件明知不是事实的事情。这种方式根本没有道理，光是一再重复无法改变所说并非真实的事实。

成功密码所用的方法就不同了，它不会要你在意识中深植某些肯定语句，而是要你依循下列4项步骤：

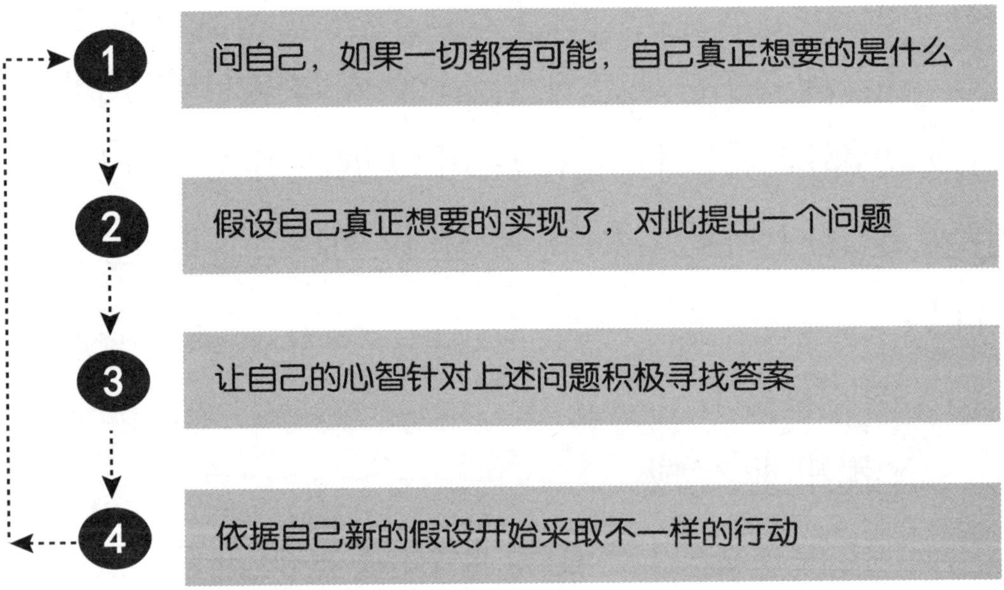

这个新方法建议你与其去追求一个自己都不相信的预想，不如提出问题让自己的潜意识去找

出答案。提出正确的问题可能会改变你的人生，并让你开创出自己所追求的美好人生。

以下举例说明这套方法在实务上如何运用：有一位保险业务员努力想要得到更多人的推介。他没有告诉自己“我是超级推介制造机”，而是问自己：“我为什么要每天都获得推介？”他发现自己开始采取不同的做事方法，结果让他从平均一天没有获得任何推介进步到每天有5～9次的推介。这些推介对他的帮助非常大，这位保险业务员每个月的业绩也因为各种推介所带来的新生意成长了3倍。

根据自己期待发生的正面改变提出启发性的问题，就可以让自己的潜意识开始运作，找出实现目标的方法。提出问题，比做明显错误的预想要好得多。你的心智不会认为“嗯，这个嘛，事情其实不是这样”，反而会自动专注于思考必须作出哪些改变才能回答自己先前所提的那个问题。

这类启发性的问题不单可以用于事业，也可

以用于人生：

◎我为什么会如此富裕、健康及幸福？

◎我为什么一直变瘦？

◎我为什么可以做到财务独立？

◎我为什么已经拥有成功所需的一切条件？

◎我为什么足以成为表现最杰出的人？

◎我为什么是专业领域中的绩优者？

◎为什么商机出现得如此频繁？

◎为什么大家争相购买我的商品？

◎我为什么能够取得事业成长所需的资金？

◎我为什么能够享有成功的果实？

过去的成功观念往往着重于“如何成功”，其思维是：如果告诉你成功的方法，那么只要运用这些技巧，你就可以获得相同的成果。这种方法对于重视“如何”的显意识来说或许是对的，不过“如何”无法解决“为何”的问题。如果你的潜意识并不容许你成功，那么世界上所有“如何”的技巧都没有用。

这就是很多人一再重复以下循环的原因：

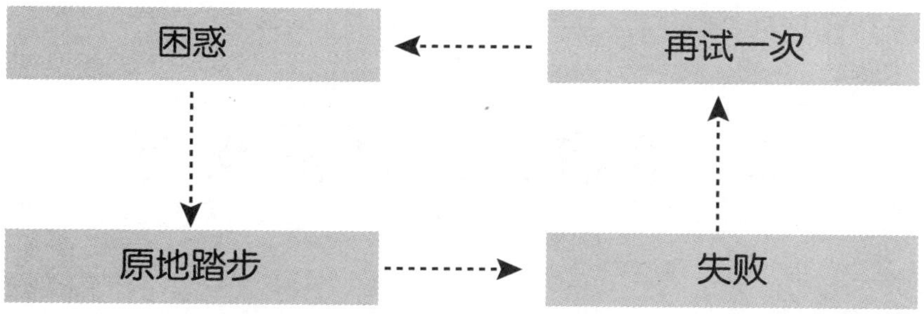

◎你陷入困惑，无法确定自己要的是什么。

◎你变得非常忙碌，但是像在跑步机上一样原地踏步，忙完了之后，仍然没有任何进展。

◎你开始拿自己和别人比较，让自己产生失败感和自卑感。

◎你不断尝试把原来的事情做得更好，希望这一次会有更理想的结果。

要在事业和人生上把自己的潜能发挥到极致，你必须先允许自己追求卓越；你必须了解自己真正想要的是什么，并且相信自己的表现可以脱颖而出；你必须觉得自己能够有了不起的成就。而要做到这些，唯一的方法就是让潜意识和自己想要达成的目标一致。要让两者方向一致，就要靠提出启发性的问题。

二　争取无条件的支持

要达到应有的成就，你需要其他人的无条件支持，需要结识那些能够在你人生和职业生涯中带来这样支持的人。如果其他人相信你，你就会对自己有更强烈的信心。

任何人都无法客观公正地看待自己，因为有太多因素会干扰你的判断，并且在不知不觉中造成影响。要找出自己的优点和缺点，必须寻求他人公正无私的意见。能够做这种评断的人，就是愿意无条件支持你、希望你成功的人。

因此，你应该在生活和事业上注意培养这样的人际关系。要建立这些关系，你应该：

◎结交比你自己更相信你，也更相信你会有所成就的人。

◎结交愿意强调你的优点、忽略你显著缺点

的人。

◎努力使彼此保持朋友、师长般的关系，或是指导关系。

◎结交能看出你潜力，因而对你以高标准要求的人。

◎能够与人维系长期的关系，而不是短期往来。

如果对人际关系置之不理，那么各种疑问和负面思考都会悄然浮现在你的脑海。偶尔注入外部观点之所以有益，道理就在这里，它会抵消这种负面思考，让你怀着信心和热忱向前迈进。

要找出谁会在人生和事业上无条件支持你，必须一一回答以下 7 个关键问题：

（1）对我来说，什么叫无条件的支持？所谓无条件的支持是很主观的，没有确切的定义。有些人很容易接受其他人提出的意见，而有些人面对意见则会觉得自己的隐私受到了侵犯。你可能会希望别人随时直言不讳，你也可能希望他们只在你向他们请教时才提供意见。花时间厘清这个概念对你来说究竟是什么意思。

（2）我目前在生活或事业上最需要什么样的支持？你是需要个人助理帮你打点一切，还是需要专业营销人员帮你开展公司业务？你是否需要良师帮你指出事业发展方向，并充分讨论你的各种选择？想清楚别人对你的无条件支持到底会为你带来什么才能真正帮助你，让你大步前进。

（3）我最希望由谁带给我这样的支持？理想状态下，你所能想得到的最能带来这种支持的人是谁？列出具体的条件。你或许无法找到这个理想人选。当然，你也可能会成功找到。好好想想适当人选的条件，这样才能清楚自己想跟什么样的伙伴合作。

（4）他们支持我可以得到什么益处？你静下心来，从他们的角度加以分析，他们可以从与你的合作中得到什么益处。他们可以得到的益处愈大，你就愈容易接触到他们并邀请他们加入。事实上，如果你能让其他人因为帮助你而得到极大益处，就等于给了对方非常强烈的动机。如果你向别人强调他们可以得到多少益处，要和他们沟通就会更加容易。

（5）我最希望听到人生和事业上的关键人士对自己说些什么？什么样的鼓励最能激励你？你最听得进去的是：

◎赞美？

◎观察？

◎与同事的比较？

◎用一致指标评价的结果？

（6）如果只对人生和事业上的关键人士提出一个要求，我会要求什么？好好思考这个问题是很重要的。如果你不知道答案，就无法利用他人的力量，你也难以得到支持。你必须事先厘清、彻底思考这个问题。

（7）我愿意采取什么行动以获取所需要的支持？我打算怎么做？想是一回事，做又是另一回事。现在就要想清楚，你要采取哪些不同的做法才能获得他人的协助，让自己的表现更出色。如果希望一生庸庸碌碌，就坐着抱怨世界对你不公；如果想要达成高成就，那就停止抱怨、开始行动，让其他人知道和你一起努力可以得到什么好处。

寻找无条件支持你的人是毕生的历程。即使一切从零开始，也不要感到气馁。你应该一直努力，让自己在生活和事业中获得更多人的支持。

努力让他人在任何时间和状况下都可以对你说实话；要表明你希望他们直言无隐，并且你会非常感激。不要觉得别人的意见是在攻击自己，应该客观公正地看待他人的意见。

你或许可以这么和对方说："你的意见对我来说非常重要，我很重视你给我的意见。你可能已经注意到，我的人生正在发生重大改变，我非常希望你能参与这个转变。如果你能不时针对改变的状况告诉我你的想法，我会非常感激。我非常需要别人的意见，而我也相信你一定能给我这样的意见。可以吗?"

如果你能让其他人相信你，并支持你的人生和事业，你的人生就会更富足、更幸福。他们会使你不再为自己未达到目标找借口，会为你清楚地指出前进的方向。这些无条件支持你的人，就如同黄金一般珍贵，他们会鼓励你一步一步更上一层楼。

关键思维

人的品质取决于两件事：你和自己内心世界的沟通品质，以及你和外在世界的沟通品质。

如果你问题问得更好，你的心智就会自动专注在过去可能从来不曾注重的事物上。这么做的结果会让你大为惊讶。

与其做自己不相信的宣示，何不提出能够改变人生的问题？

——诺亚·圣约翰

人际关系是一面让你看清楚自己的镜子，在关系之镜中，你能看见真实的自己。

——克里希那穆提

三　建立支持系统

要让人生和事业发达，必须建设以下5个作业系统：人际系统、行动系统、环境系统、自省系统和简化系统。这5个系统顺利运作，才能以最小的努力取得最大成果。

人生和事业要有成果，必须建设5个必要的系统：

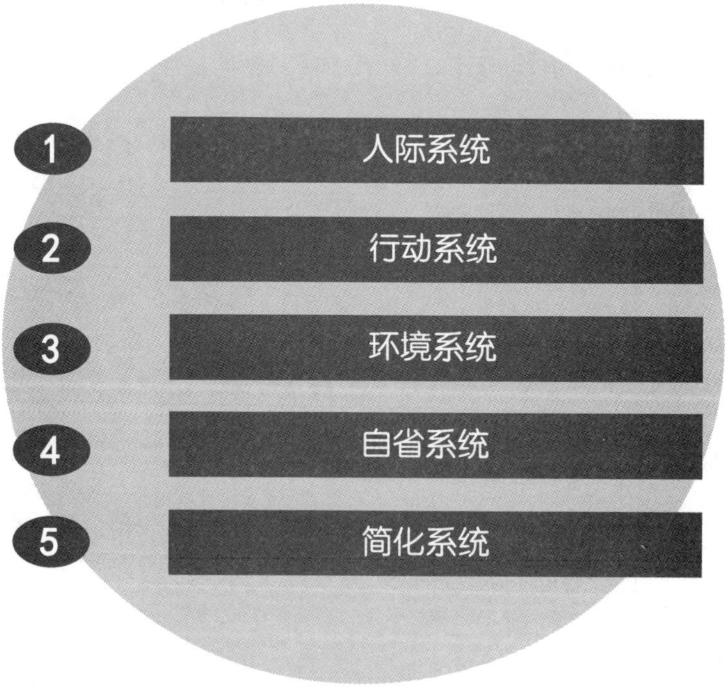

（1）人际系统——这点其实不言而喻，因为世界上所有的财富都是由人所创造所拥有。要建立牢固的人际系统，必须做到以下几点：

◎肯定其他人，让他们觉得受到重视。

◎真诚寻求他人帮助。

◎接受他人所提供的支援或帮助。

◎为自己缔造的成果负责任。

◎提出以成功为核心的启发性问题。

如果你的人际系统无法有效运作，那么其他一切也就没什么意义了。你只有满足他人的需求，才有办法让自己的事业繁荣发展。同时，你还需在人生中遇到适合的人，这样才能拥有自己满意的生活。你必须肯定他人对你的成功所作出的贡献，并接受希望你成功的人所提供的支援。找到某个人来监督你缔造了多少成果也是明智的做法，因为这样可以提升你的效率。

（2）行动系统——你必须设法多采取对自己有益的行动，少采取没有效益的行动。你的行动系统应该审视自己的时间都用在哪里，再考虑两个基本问题：

◎哪些事是我希望多做一点的？

◎哪些事是我希望少做一点的？

完善的行动系统可以持续帮助你，让你的时间运用得更有效率。使行动系统协助你变得更有效率的方法是：

◎进行更多能为人生或事业创造价值的活动。

◎排除任何会减少你人生价值的活动。

◎想出更好的方法分工授权。

◎在日程表中排满有效益的活动。

◎尽量排除掉浪费时间的活动。

（3）环境系统——能够清除所有杂乱的合理方法。你的内在环境和外部环境会出现种种杂乱：

◎外部环境是指工作环境和居家环境。当这些地方出现杂乱，周遭的杂物会让你无法清楚地思考。背负着过多的杂乱，你就没有任何空间可以容纳更好的事物。

◎内在环境由你的心灵和情绪健康所构成。如果内在环境充斥着不相干的事物，你就会感到挫折，生活品质就会降低。

建立了能有效运作的环境系统之后，就要定期评估自己内在及外部环境之中存在哪些阻碍，然后判断自己必须采取哪些行动才能清除杂乱。

（4）自省系统——每天从事一些活动，让自己得以持续前进，并确实朝心中真正的目标前进。自省活动要视你个人的喜好、信念及需求而定，例如：

◎每天去健身。

◎定期冥想和反省。

◎写日记追踪自己的进步。

◎阅读自己心目中的圣典。

◎进行踏青、园艺等户外活动。

安排固定的时间及地点让自己好好思考，然

后记下自己做了哪些值得骄傲的事情，还有未来必须要做哪些事才能让自己朝同样的方向继续迈进。

（5）简化系统——可以让你定期简化各种运营活动的方法。高成就的人士和企业随时都在简化，以使他们所从事的活动能够达到最佳状态。

要进行简化，往往要从充分授权做起。要充分授权，就要营造出一种理想情境：我赢，你赢，大家都赢。换句话说，最理想的授权方式就是：你获益，因为你会有更多时间用在其他更有实效的工作上；你授权的对象也获益，因为他们的努力能够得到报酬和肯定，而整个组织也因此获益良多。分工合作可以让个人把更多时间投入重要的工作，作出更大的贡献。

四　胸怀真正远大的目标

在人生和事业当中目标很重要。然而在行动之前你必须确定你所追求的目标真的是自己想要的，而不是别人想要的。

要达成更高成就，目标是珍贵而可靠的帮手，要加以有效运用。至于要如何运用，可以归纳为以下两项原则：

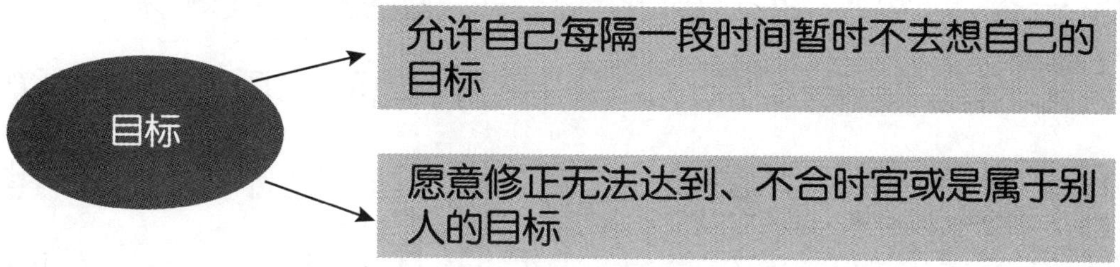

1. **定期休息**

这种说法听起来或许有违常理但确实有效，如果你不一直想着自己的目标，则可能达成更高的成就。因此，你应该定期休息，不去想或去做任何跟目标有关的事。

在朝目标努力的过程中稍微休息一下有以下几项好处：

◎有助于避免心力耗尽和精神疲劳。

◎可以避免信息超载。

◎让你有机会自我反省。

◎让你可以做些有趣的事。

休息可以帮你“充电”。当你重振精神并满怀热忱地回到岗位，就会立刻焕发出良好的工作状态。如果在休息的时间当中安排各种能让你精神一振、充满活力的活动会收到更好的效果。

当然如果原定 15 分钟的休息最后变成你接下来 3～4 个小时唯一做的事情，也不是这个建议的本意。任何人都无法每天从早到晚、毫不间断地把表现维持在最高水准，安排短暂的休息，花时间提振自己的精神，你的生产力就会提升。

这种定期的休息应该用来恢复和提升以下 4 种能量：

（1）身体能量——会直接影响你所能达成的工作成果。你应该采用短暂的休息恢复体力，作好重新投入工作的准备。

（2）情绪能量——同样会影响你所能达成的工作成果。你应该尽可能培育正向的情绪能量。

（3）心智能量——反映了你在一段期间内专注于工作的能力。休息一下再回去工作，可以让你的心智能量再升级。

（4）心灵能量——和你个人的目的感和心灵健康有关。

定期让自己休息、好好储备这 4 种能量是非常明智的做法，能大大提升你使用时间的效率。

2. **修正目标**

有些人之所以未能取得应有的成就，往往是因为他们并不认同自己的目标。如果你也是这样，只要稍微想一想，应该就会发现自己属于以下 3 种现象之一：

（1）被迫接受明知无法达成的目标，因此你连试都不想试。要达成这个目标，你必须时时都有完美表现，或者必须让所有你接触到的人都购买商品，而这两者在现实中都不可能做到，所以你干脆完全忽略自己的目标。

（2）所要完成的是他人的目标，而非自己的目标。你的目标是外部压力强加于你的，不是你自己真正想要的。例如，大家期待你追随父母的脚步，接手家族事业。

（3）发现自己的目标已经过时，你其实不再想要追求它，但是你已经花了很长时间去努力，放弃又觉得可惜。

如果你发现自己的目标不再能打动你，也不再适当，那么就该尝试去做“目标替换手术”。执行方法则是提出以下这些问题：

◎我目前的目标有哪些必须替换？

◎我为什么觉得自己必须追求这些目标？

◎是不是有人告诉过我要去追求这些事物？

◎这些目标是否无法达成、属于别人，或是

已经过时？

◎我希望奉行哪些人生原则？

◎这些原则对我的重要性何在？

◎我可以采取哪些行动来更换这些不恰当的目标？

愈早让自己从无法达成的、属于别人的或是过时的目标当中抽身，就可以有愈多时间去追求自己真正想要的目标。允许自己这么做，然后继续向前迈进。

关键思维

把优秀人才置于不良的系统当中，每一次都是系统获胜。

——爱德华·戴明

在你开始攀登成功的阶梯之前，首先要确定你的梯子没有搭错地方。

——史蒂芬·柯维

时间之所以是人类最有价值的宝物，就是因

为它是唯一无法取代的资源。就算用比尔·盖茨所有的资产也无法买到昨天的1分钟。你无法得到更多的时间，但是你可以让时间更有效益。

——诺亚·圣约翰

如果采取这些步骤可以为你省下人生中1年的时光，你觉得如何？或者说省下6个月？省下1个月？如果有机会为你省下人生中数年的时光，还有机会为你省下不知道多少钱，难道不值得你花个10分钟或20分钟去做？不论富有、幸福的人是否自知，这其实是他们已经采取的步骤。他们的人生未必完美，但是他们几乎都一直在追求自己真正想要的而不是别人认为他们应该追求的事物。

你的目标是什么其实并不重要，你选择奉行哪些人生原则才是我真正想了解你的地方。如果你说“我的目标是成为百万富翁”，但是你奉行的原则却是不公、懒惰和平庸，那么你达成目标的可能性就相当渺茫。你要如何体现自己真正奉行的原则？你也可能会嘴巴上说自己的原则是诚实、正直、服务、品质及卓越，结果却坐着大啖洋芋片、看电视、不时自寻烦恼，然后告诉自己：我做不到。

——诺亚·圣约翰

五　排除潜藏的障碍

一不留神，你就可能会为了保护或是惩罚别人而羁绊自己。从这些隐藏的阻碍中抽身，你就可以勇往直前。让自己去努力追求卓越，你就会取得惊人的成就。

你之所以无法获取应有的成就可能是因为3个隐藏在潜意识之中的原因：

（1）想要保护某个人——这听起来有点奇

怪，但常常就是如此。有时妻子会因为担心丈夫的自尊受到伤害而不敢赚得比丈夫多。尽管这非常不合理，但是这种忧虑却是确实存在的。成功人士则可能会对追求事业发展产生罪恶感，因为这表示他会错过孩子的足球比赛、芭蕾舞表演等成长过程中的重要活动。

（2）想要惩罚某人——这听起来同样完全不合常理，但确实经常发生。比如年轻人可能会在很多年的时间里无所事事，借此惩罚他们的父母——他们希望借着失败让大家知道父母对他们的教育有多差劲儿。

（3）为了取悦他人故意让自己一事无成——你可能因为种种理由，觉得自己像命运的受害者，这种心态会让你不再做那些可以让自己进步的工作。你可能会因为过去有人扯你后腿就觉得自己无力去作改变。

在上述 3 种状况下，你现在的成绩与未来可能达到的成就都会被自己的恐惧影响。如果你发现自己正处于这种状况，赶紧静下心来，好好阅读下面这段话：

你真正的恐惧是什么？恐惧是你认为即将感受痛苦所引起的情绪。当我们认为自己无法控制状况时就会感到恐惧。因此，你愈能控制状况，就愈不会觉得恐惧。

——诺亚·圣约翰

别费尽心思去保护、惩罚或讨好他人，要全力获取成功。

如果你想要作新的尝试，你表现出来的能力通常会经历以下 4 个阶段：

1. 能力不足而不自觉
2. 自觉能力不足
3. 自觉有能力
4. 不自觉有能力

（1）当你刚开始做某件事的时候，你甚至不知道自己有很多事情不懂，也就是说你完全不明白自己能力有多么不足。例如你刚开始学开车的时候，你会以为开车很简单，因为生活当中有许多人开车载过你。

（2）接着，有些经验之后，你会很清楚地察觉到自己有哪些地方做得不好。例如，在你真正开始开车之后才会发现实际状况远远超出你的想象。

（3）经过练习之后，你会觉得自己对某件事已经很熟练。仍以开车为例，你现在已经会开车了，也具备了基本的技巧，但还是要全神贯注。

（4）如果你持续做某件事情，就会进步到不自觉有能力的阶段，例如不用花太多心思就可以开车。这时，你的基本技巧已经相当熟练，可以自然发挥出来。

建立卓越的事业的过程其实和上述阶段非常相近。一开始你甚至根本不知道自己该做哪些事。潜意识中的各种瓶颈、情结和问题会悄悄作祟，而你却浑然不觉。你迟早会发现这些问题，并设法加以处理。想要持续向前迈进，就必须铭记修正后的新做法，把它融入自己的潜意识当中，如此你才能在不知不觉当中做好该做的事情。

仔细观察就可以发现，这个世界大致上依循着所谓“97/3 法则”：

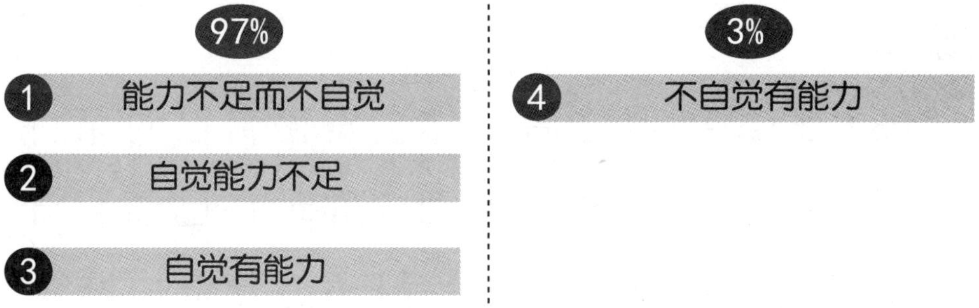

这个 97/3 法则指出，大约 3％的人口掌握了世界上绝大多数的财富，而其余 97％的人口只是平凡度日而已。有趣之处在于，这“3％的精英”大多说不出来他们是如何达到这种成就的。他们把成功密码运用到了“不自觉有能力”的程度，而且奉行了成功密码还不自知。

努力排除自己人生当中所有潜藏的障碍，就可以让自己进步到不自觉有能力的境界。换句话说，你可以让自己在未来某个时间成为那“3％的精英”。

关键思维

我们都很清楚恐惧的另一面其实就是自由。

——拉尔夫·沃尔多·爱默生

我所说的每一句话都不应该被认为是肯定句，而应是疑问句。

——尼尔斯·玻尔

六　更常说“不”

你要有向其他人说“不”的能力，不要让你的目标受其他人的干扰。学会向无关紧要的工作说“不”，就可以让大家知道你的梦想和成功人士的梦想一样重要，而事实上也是如此。

你对其他人说“不”的时候会不会觉得有罪恶感？事实上，如果你无法对其他人的无理要求说“不”，就绝对无法坚守自己的计划。成功人士有一项共同的特点，就是他们懂得如何说“不”，又不会让人不悦。学会微笑着说“不”是迈向成功关键的一步。想要向前迈进，就得让自己学会说“不”。

具体来说，在人生中必须能够对 3 种状况说“不”：

（1）对自己说“不”——对毫无意义又会消耗你的时间、金钱或精力的活动说“不”。常见的无意义活动有：抽烟、杞人忧天、吃饭太慢、长时间上网等。你应该经常思考以下这个关键问题：“我应该怎样分配资源以便完成理想中的目标？”答案就是把资源重新作更好的分配——检视自己所有的活动，判断哪些在消耗你的时间、金钱或精力，然后采取行动向它们说“不”。

（2）对别人说“不”——如果其他人要你做的事情会让你偏离自己的目标，就要拒绝。想做到这点，可以运用三段式的方法：

◎观察——看清楚对方提出的要求，然后分析对方想要你做什么。

◎转向——反问对方："你的意思是什么？我想了解你要达成什么目标。"借此转移对方的要求。

◎回绝——拒绝对方的要求。你可以这样说："我很想答应你的要求，但我没有时间。与其把事情交给我，而我却没有时间去做，不如另外找个能好好帮你的人。"

（3）对更多人说"不"——你很清楚自己的目的，并且立志要坚守这个目的。想做到这一点，关键在于你要为人诚实，还要了解自己的志向。诚实就必然要求你的行为必须符合自己的目标与理想。

要学会对更多人说"不"，有个方法可能会有助益，那就是列出你所敬佩的人并写下自己敬仰他们的理由。这些人之所以会吸引你，很可能是因为他们向来为人诚实。你可以想象，如果有人向他们提出不恰当的要求，他们会怎么处理？让自己的行为跟他们一样——坚守自己的目标并委婉地拒绝任何会让你偏离正轨的要求。找出在这方面的杰出良师，并效法他们。

马上说“不”其实是在帮助对方。不要说了“好”，最后的结果却像是说“不”一样，这样只会招致怨恨。如果你立刻说“不”又不会冒犯对方，那么他们就会知道自己必须另作打算。即便你无法做到对方的要求，也要让他们知道你很重视他们的时间和需求。

关键思维

通往成功的路径非常多，但是有一条路一定会通往失败，那就是：想要讨好所有人。

——本杰明·富兰克林

观察那些成功人士就会发现，他们可以很坦率地说“不”。试想一下，每天会有多少人向比尔·盖茨提出要求。你愈是富有、愈是成功，就会面对愈多要求。因此如果你不懂得说“不”，就无法真正幸福、富有。

要对其他人说“不”，第一步就是要认识到这是别人在要求你做事情，你可以接受，也可以拒绝。我确信这对那些能坦率说“不”的人来说是再简单不过的道理。至于对其他人来说，这可能是一生中最大的觉醒。

——诺亚·圣约翰

七 找到真正的人生目标

大多数人不曾找寻自己的人生目标，因此感到人生无趣。不要让你自己也变成这样。找出自己真正的目标或使命，然后将人生奉献于这个使命，这会给你带来极大的成就感。

幸福、成功的人都很清楚自己的志向，他们会找到自己真正的人生目标，然后让自己的绝大部分行为符合自己的志向，发掘出自己的潜力。这样的自我认识深具感染力，并且能激励其他人效法。

要判断自己真正的人生目标是什么，必须从3个方面去思考：

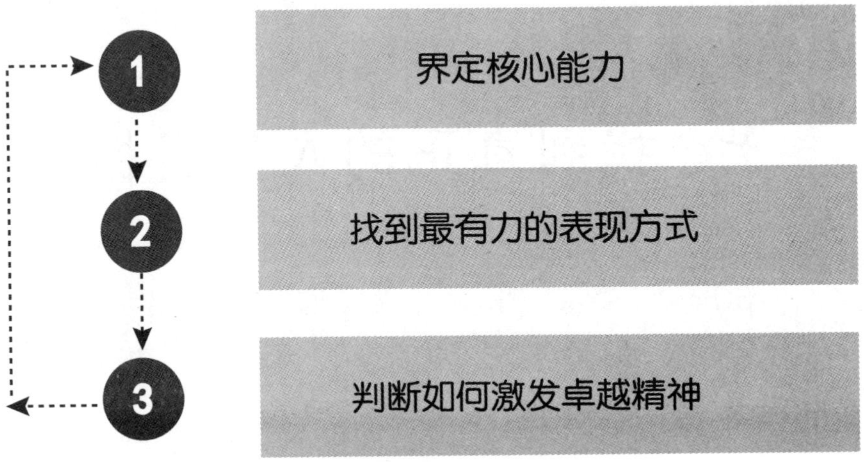

（1）界定核心能力——找出你擅长而且轻而易举就可以做好的事情。注意有哪些事情会让你觉得充满自信，再听取你信任的人对你的建议，借此找出你的核心能力。每个人都喜欢做自己最擅长的事情，因为一切都是那么的轻松自在。

（2）找到最有力的表现方式——你最喜欢用什么方式来展现自己的优点和技能。表现方式与你所要扮演的角色密切相关，你在工作中每天都要扮演非常多的角色，在生活上也要扮演多重角色。具有高成就的人士很清楚自己最佳的表现方式，并且会坚守这些方式。

（3）判断如何激发卓越精神——想想什么事

能让你每天早上醒来时满怀乐观和热忱。要激发自己的卓越精神并且去实践自己人生的梦想，你必须做到以下几点：

◎原谅自己过去所犯的任何错误。过去的都已经过去，错误已经造成了，你应该记住教训，然后继续前进。

◎你要能敏锐地察觉现状，找出自己目前拥有的各种机会。要自信地迈向更光明的未来。

心灵得到释放之后，你不会再去烦恼如何赚钱或是如何让大家满意，你会真诚待人，展现出自己的长处，因而成功在望。要激发卓越精神，就要让自己追求卓越，更要给周围的人相同的权利。

要想拥有更美好的人生、更辉煌的事业或是达成任何其他理想，就必须采取行动，了解自己该做哪些事并立刻去做。试着按照以下这个3步骤的方法来做：

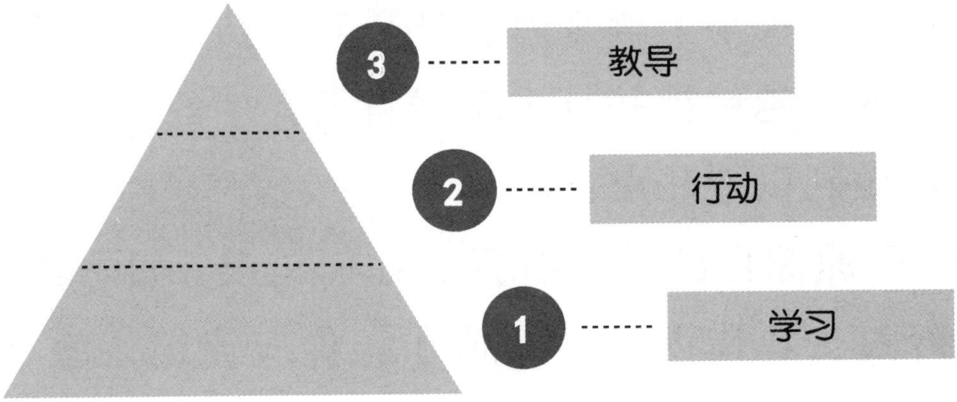

（1）学习前述7个步骤，直到它们深植于你的潜意识，让你能够不自觉地运用自如为止。如果每一项你都能做到不自觉有能力的程度，你就能成为3％的精英。尽可能去结识那3％的精英，观察他们的行为与别人有何不同。只要用心观察，你就能从他们身上学到很多东西。

（2）采取必要行动。你应该认识到：世界上最困难的计划就是你不采用的那一个，而任何计划中最困难的一步通常就是开始行动。

（3）要让这套方法发挥到最佳程度，就要把自己所学到的方法教给其他人。与自己事业和生活中的重要人士分享心得有助于你厘清自己未来还需要做哪些事。寻找你的团队、组织或社交圈之中有哪些人感到困惑，然后帮助他们了解如何才能达到卓越。

如果你都不重视自己的时间，其他人更不会重视你的时间。你有没有注意到，你不会去请求某些人帮忙，因为你知道他们会说“不”。他们深刻体悟到了“不”的重要，从他们身上你可以学到很多东西。我不是建议你要当个自私的人，但你确实可以从自私的人身上学到很多东西！

要获得高成就是有秘诀的，而这个秘诀就是：你要了解在“如何成功”和“如何让自己成功”之间，其实有着巨大而根本的差异。那些在潜意识推动下成功的人无法告诉你其中的差异，因为他们确实是在不自觉间成功的。而我可以告诉你：真正触发人类行为的因素就是内在的“为何”及“为何不”，也就是你认为该做或不该做某件事的理由。因此，真正重要的是发掘自己潜意识当中的“为何”，推动自己达到真正的成功。

当你找到自己的目标也完成了 7 大步骤之后，你就会成为那 3%的精英，你会成为少数既能清楚了解自己人生目标又拥有工具为自己和众人改善世界的人之一。准备好展翅翱翔了吗?

关键思维

能够献身于自己认同的远大目标，是人生真正的喜悦。

——萧伯纳

如果你对自己的过去、现在和未来抱持正面的看法，你就会感到幸福；如果你对自己的过去、现在和未来抱持负面的态度，你就不会幸福。只要改变你对自己过去、现在和未来的看法，就能释放自己的心灵，享有梦想中的人生。

——诺亚·圣约翰

我了解到：如果一个人自信地朝着梦想前

进，并努力去过理想中的生活，他就会获得出乎意料的成功。

——亨利·大卫·梭罗

延伸阅读

驾驭情商

文/李岳伦

相信很多人都跟笔者一样，在工作场合中遇到过这样的老板：他聪明能干、出类拔萃；他眼光独到，想得到别人所想不到的层面；他积极果断，可突破一般人所无法突破的困境。

然而，在面对事情不如预期发展、市场环境变幻莫测、交货日期愈加急迫、客户要求愈趋严苛而下属的工作却始终无法顺利跟上节奏时，这些优秀老板们的黑暗人格便悄然出现。当情绪无法再被控制之时，他们或者勃然大怒、大声咆哮，或者脸色一沉、翻脸无情。无论他们面对压力时表现出的是什么样的行为，这些不良的情绪都会影响下属的感受，更将严重影响团队士气、成员间的信任以及员工的去留。

如何进行情绪管理是困扰许多高级主管的问

题。可惜，这些高级主管往往无视此问题的严重性。在协助辅导台湾企业高级主管将近10年的时间里，笔者经常看到忧心忡忡的人资主管前来寻求帮助。他们的领导情绪不佳，而他们根本不敢提这个问题！

我们试着了解这一类高级主管无法掌控情绪的原因。最常听见的回答是："我生气都是有原因的，你也知道我的那些员工的表现，我不该生气吗？"是的，只要是人，谁无情绪？在那样的情境下任何人都会生气！但是，一定要靠发飙、咆哮、冷酷、伤人才能得到情绪的宣泄吗？难道这些具有足够才智、技能和经验，通过层层选拔才成为高级领导人的主管们不能自我控制吗？这些可以洞悉市场先机的领导者没有感受到下属的担忧吗？更令人担忧的是，这些主管的失控行为会随着职位的提升、压力的增加而愈发严重！

是什么原因造成的呢？在DDI的观点中，我们将其归因于情商。在职场上，研究主管的情绪表现已经愈来愈趋向一门科学。许多机构花了很多时间进行研究，评定与主管良好表现有关的能力及技能。在经过了超过25年的特别研究后，人们对事业成功者的“智商”研究有了重大突破。依据在众多产业及组织中取得的与绩效表现相关的大量资料，人们提出了“情商”的学说。情商解释了同样水平的智力、训练及经验前提下，为什么有些人能做得好，而有些人却做得不理想。

情商究竟是什么？虽然这样解释可能过于简化，但情商就是一个人负责管理自己以及自己与他人关系的能力。我们在每天的个人生活及工作中常常需要处理各种矛盾，而情商就是能够巧妙且成功处理这些阻碍以克服困难挑战的重要能力。

商业领域中经常强调智商——IQ，且所有的分析、实证及评价皆着重于IQ。毫无疑问，智商是在商业领域中驱动人们成功的宝贵动力。因为商业决策需要对细节进行分析，正确的决策要基于事实与数据。然而，要在商业中取得更大的成就，智商还需要情商的配合。情商能够确保员工的留任及工作精力投入程度，提升员工创新能力、驱动员工达成组织目标，并激发他们达到极致的绩效表现。

那么，我们该如何提升自己的情商呢？阿黛尔·林恩写的《情商的差异》一书提到情商包含5个重要的领域，且这5个领域彼此之间息息相关。这5个领域分别是：

（1）自我觉察及控制——充分了解自己，并有效地管理自我情绪。

（2）同理心——了解他人观点的能力。

（3）社交能力——与他人建立真诚的关系及情谊并以健康的方式展现关怀、担忧及意见的能力。

（4）个人影响力——具有正向领导且能够激励自己及他人的能力。

（5）掌握目的及愿景——将真诚带进生活，并且了解自己的价值观及能力。

因此，若要发展自己的情商，以下几个关键步骤可供主管们参考：

（1）分析或评估在情商中你最想要改善或提升的方面。

（2）确定几个实际可行的目标，在6个月内提升你的情商。切记目标要具体，而且应从小处做起。例如，“在未来6个月内，为扩大我的人脉，我要与超过20个过去结识过的人联系”，这比“在未来6个月内我要彻底改变我的社交技巧，成为社交专家”要好。

（3）在每一个情商的取向下选择几个行动步骤以提升你的情商。

（4）专注于自己列出的具体发展计划。

（5）与你的导师、朋友、教练或其他人合作，请他们帮助你坚守目标，朝你的目标前进。

（6）花点时间来庆祝你的小小胜利，因为这能引领你达到最终的目标。

（7）当你完成初步目标后，应该想想还有哪些情商是你想要提升的。

我们一生都在不断追求自我成长与挑战。尤其是位居高位的老板们，即使功成名就，也会想如何在离开时还能成为员工心目中的好老板。想一想，有什么是现在要开始去做的？有什么是可以继续保持下去的？又有什么是应该停止的？情商考验着我们自我察觉与控制的能力，不服输的老板们！加油！

作者简介

李岳伦，DDI 事业发展暨营销协理，于 2001 年加入 DDI 从事项目执行的工作；在加入 DDI 之前，曾在纽约一家公关公司协助项目执行。服务的客户涉及制造、金融与航运等行业，由于优异的销售成绩，曾连续于 2004 年～2008 年间，荣获 DDI VIP 奖。

DDI 简介

DDI 于 1997 年设立台湾分公司，至今已辅导 300 家以上不同产业的公司建立了最先进的人力资源系统，如选才、绩效管理、员工及主管培训等。DDI 除了提供专业的管理顾问服务，也长期针对企业最重视的人力资源策略议题进行研究调查并提出精辟的解决方案，议题包含全球领导力的研究调查、选才、留才与绩效管理等。

为什么我的企业长不大

The Essential Advantage

How to Win With a Capabilities—Driven Strategy

原著作者简介

保罗·莱文(Paul Leinwand),博斯管理咨询企业合伙人,专为企业客户提供策略与能力建构的咨询服务。他毕业于美国华盛顿大学与西北大学管理学院,与麦纳第合著《省还要更省:企业的 Cost Down 经营学》一书。

钱赛·麦纳第(Cesare Mainardi),博斯管理咨询企业北美事业部总经理,曾任博斯企业功能与消费性产品暨健康事业的全球领导人,为全球大型企业提供咨询服务,帮助企业达成重大转型。麦纳第毕业于美国西北大学管理学院。

本文编译:许恬宁

主要内容

主题看板

核心能力

无论你是高级经理人还是普通员工，你是否想过自家企业的竞争优势在哪里？你的企业有什么样的核心能力能胜过其他竞争对手？所谓的“竞争优势”、“核心能力”、“市场策略”，并不只是经管书上的拗口名词，而是企业在商战中一决胜负的关键！保罗·莱文和钱赛·麦纳第强调，企业经营策略的一致性愈高，企业的财务表现就愈好。然而随着时间演进，企业的经营策略容易变得愈来愈不一致，因此必须采取“以核心能力为导向”的运营策略，持续强化及改善企业最重要的核心能力。此外，他们还总结出全球顶尖企业创造价值的常见做法，包括聚集商品（例如eBay）、提供定制化服务（例如戴尔）、提供消费者体验（例如星巴克）、积极创新（例如3M）

以及供应高级商品（例如宝马）等等，并以美国的亚马逊网络书店为例，指引企业如何找出自身的核心能力，并据此推出适合的产品与服务，让企业快速成长获利。

5分钟摘要

创造企业的核心优势

能够创造核心优势的成功企业其经营策略必定拥有“一致性”，这种一致性体现在3个方面：企业市场策略（W）、核心能力系统（C）和合适的产品与服务（P）。

◎成功企业会专心开发适合企业的产品与服务，并以其核心能力打造一系列产品与服务。

◎成功企业会针对自己的核心能力持续再投资，以深化这些能力，让竞争者无法赶上。

◎成功企业深具决心和毅力，他们很清楚自己身处什么战局，也知道自己的市场定位为何。

经营企业的一致性
- W 企业市场策略
- C 核心能力系统
- P 合适的产品与服务

因此，企业如果想要胜过其他对手并保持领先，经营策略必须保持一致：

◎找出打入市场的方法。根据企业独特的核心能力，打造不可被取代的产品让对手无法匹敌。

◎找出可以让事业成长的 3 至 6 项核心能力，并在特定领域内成为世界级的企业。

◎利用核心能力建立一系列产品与服务，以获取更高的收益。

轻松读大师

一 以核心能力为导向的经营策略

要持续稳定地提升经营企业的一致性，所作的决策必须讲求实效。采取以核心能力为导向的策略时，你必须同时考量W、C、P这3大策略要素并作出综合调整。首先要针对市场需求，找出你的企业在哪个方面做得最好以及你有哪些机会有效切入市场。接着再深化这些核心能力，以一致、有系统的方式结合这些要素。

随着时间演进，企业的经营策略很容易变得愈来愈不一致，原因如下：

◎某位员工可能会注意到一个新兴市场，然后建议企业发展迎合该市场的相关核心能力。

◎某位主管可能会执行SWOT（优势、劣势、机会、威胁）分析，并建议新的发展方向。

◎你可能会固守一条成长停滞的产品线，利

润空间逐渐萎缩。

在分析市场时你会发现，经营企业的一致性与企业的财务表现在统计学意义上明显相关。数据显示，在各种产业与市场中都会出现所谓的“一致性优势”。“一致性”会以4种明显的方式为企业带来更多价值：

（1）如果企业采取以核心能力为导向的策略，企业的运作将愈来愈有效率，因为企业会不断强化及改善企业最重要的核心能力。

（2）经营策略的一致性可以让企业专注于自身的投资。企业的时间及金钱将投入最需要的地方，让企业开启良性循环，持续改善。

（3）企业的核心能力运用在更多产品与服务上时将会得到更多价值回报，并可减少不必要的重复，让企业变得更有效率。

（4）企业采取的策略清楚明确，员工就会脚步一致，作出的决策也会更加一致。

采取核心能力导向策略，究竟是什么意思

呢？想要企业做到一致性，你应该思考彼此相关的3大策略要素：

经营企业的一致性
- W 企业市场策略
- C 核心能力系统
- P 合适的产品与服务

W——企业市场策略。“我们要怎样获取市场价值？”这个问题的答案就在企业的市场策略中。企业的市场策略指的是商品化策略，可能是要致力创新，也可能是以较低的成本供应商品，或是依据顾客需求与企业核心能力来采取其他策略。你必须让决策高层、管理层及每位员工都了解企业要如何为顾客创造价值。

C——核心能力系统。“我们提供价值的方式能怎样与众不同？”这个问题的答案就是企业的“核心能力系统”。企业的核心能力系统是指3至6项可以帮助你达成目标的企业活动；你会为你所服务的客户不断重复这一套系统。如果将你选定的市场策略理解成你为企业精心选择的方向，那么“核心能力系统”就是驱动你前进的引擎。

P——合适的产品与服务。“我们要卖什么？卖给谁？”这个问题的答案就是合适的产品与服务。经营策略连续一致的企业会妥善管理一系列商品，让所有产品与服务都能够运用企业的核心能力系统，并与企业选择的市场策略一致。如果某些产品或服务需要额外的企业核心能力，你可以选择剔除这些产品或服务，以保证产品与企业市场策略的一致性。

核心能力导向策略的基本任务就是要结合W、C、P这3大要素。采取核心能力导向策略时要注意以下几点：

◎你不能只根据估计来制订市场策略，而要深入调查潜在客户的需求、潜在成长机会、目前的企业核心能力，并考量以上要素应如何相互结合。

◎企业的核心能力是依据企业的市场策略创

造及建构起来，而非随机建立起来的。

◎你应该依据企业的市场策略以及能够执行的核心能力定期调整产品与服务项目。

◎你的策略是指你根据自身经验选择的能成功销售商品的最佳方式，因此你的策略会随着经验的累积一次比一次成功。

你可以自问以下问题，以了解目前企业经营与企业的市场策略是否达到一致：

◎我们选择创造价值的方式够清楚吗？

◎我们是否正积极强化能提升一致性的核心能力？

◎我们能否说出3至6项目前拥有的核心能力？这些能力相互匹配的情况如何？是否构成一个有效率的系统？

◎所有的业务运作是否都运用了这套良好的核心能力系统？

◎我们的组织架构、运作模式以及绩效管理系统是否都能强化我们的核心能力？

◎我们有没有明确产品与服务的最佳获利点？

◎我们的产品与服务是否大部分或全部都达到最佳获利点？

◎我们依据自己的市场策略与核心能力系统持续评估新的产品是否合适？

◎企业的每位员工是否能都能解释我们的核心能力与其他企业有何差异？

◎我们企业的领导方式是否能持续加强这些核心能力？

◎我们是否已经在选定的市场上取得了胜利？

◎我们所作的决策是否提高了企业经营的连续性？是否有些决策令企业经营无法连续？

二　利用3大要素制订市场策略

如果你没有经过慎重考虑，很可能会依据预估的市场来选择市场策略，并根据现有的资源来建立核心能力，然后视获利的情况来建立自家产品与服务。但是这样的做法不符合核心能力导向策略的原则。你不该采取这样的方式，你的企业需要发挥自身的优势。

W 企业市场策略

以下是企业常见的15种创造价值的做法：

价值创造方法	制定市场策略
聚集商品 例如：eBay购物网站	为众多供应商与消费者提供方便的“一站购足”商店。
领导业界 例如：可口可乐、英特尔	维持顶尖的市场占有率，并借此优势发挥市场影响力。

（续表）

整合业界 例如：思科、微软	通过并购与持续研发掌控产业。
提供定制化服务 例如：戴尔、汉堡王	利用对市场的了解，为客户提供量身打造的产品或服务。
无中介化 例如：NAPA 汽车零件企业、Priceline 线上旅游服务	协助客户进入不易触及的价值链环节。
提供消费者体验 例如：星巴克、苹果公司	提供给顾客丰富体验，让顾客参与并享受乐趣。
快乐追随 例如：现代汽车、箭牌口香糖	找出新方法，成功销售其他业者的发明。
积极创新 例如：苹果公司、3M	为市场引进创新产品或服务。
提供平台 例如：纽约证交所、联邦	经营共享的资源或他人可利用的基础设施。

（续表）

供应高级商品 例如：宝马、诺德斯特龙高级百货	专门提供高级产品服务。
提供咨询服务 例如：医疗服务咨询机构	提供管理咨询服务，引领客户进入高端产业。
打造品牌声誉 例如：Tats 旅游服务业界、沃尔沃汽车	为固定顾客群提供优质产品。
吸收风险 例如：保险公司	集合市场风险，为各方客户降低风险。
提供解决方案 例如：IBM	提供全套的产品与服务，全面满足客户需求。
提供超值价格 例如：沃尔玛、宜家	提供最低价格或物超所值的产品与服务。

成功企业通常会结合两个以上常见的价值创造法，建立自己独特的市场策略。例如苹果公司除了积极创新之外还为消费者提供体验及高级商

品。苹果所制造及营销的产品将复杂的电脑与简单的装置合为一体。这项市场策略的难度很高，但也独一无二，只有苹果公司选择采用这项策略。

如果你想发展出一套自己的市场策略，让企业能持续前进并向上提升，就必须做两件事：

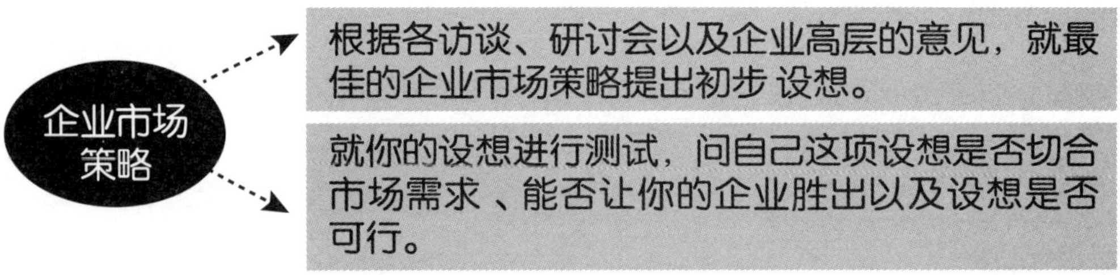

接着，与企业的经营团队讨论这15种创造价值的常见方法。提出策略假设，并设法结合这些方法，留意讨论时是否出现正面的火花，你也许可以从中得到有价值的信息。

有了结论之后就开始进行测试。请按照以下的检查清单评估你所提出的策略：

◎你的策略是否满足客户的需求？

确认你的市场策略是否有足够的客户重视，

是否值得投入。别忘了检视你的产品是否有替代品能够以不同的方式提供类似的功能。如果替代品的数量很多，可能代表你的策略有问题。

◎你的策略是否够独特，与竞争对手选定的市场策略有何不同？

就你所选择的市场策略而言，你的执行能力必须比其他业者更好，让竞争对手无法赶上。

◎产品进入市场及市场发生变化时，你的市场策略是否仍然合适？

用你预测的产业可能发生的外在变化来评估你的市场策略。必须考虑所有可能出现的变化，并判断如果你选择了这个方法，企业是否有办法适应这些变化。

◎你的市场策略要运用到企业的核心能力，这一点是否可行？

所有事情中，最重要的就是你能够达成策略。你必须评估你的市场策略能用到多少企业的核心能力以及要执行你的市场策略企业必须拥有哪些特定的核心能力。

C 核心能力系统

亚马逊网络书店成立于1995年，号称是“世界上最大的书店”。不过销售书籍只是开端而已，后来又销售音乐CD，接着开始销售衣服、自行车、电子产品以及食品等等。亚马逊能够做到这些，是因为亚马逊的主要市场策略是以超大的网络平台聚集商品，并提供优质的消费者体验。

更具体来说，亚马逊所选择的市场策略是：

◎提供顾客愉快的线上“一站购足”购物体验。

◎提供卖方的产品信息以及全球数百万消费者的使用心得。

◎提供快捷的产品递送服务。

亚马逊拥有5项密不可分的核心能力来支撑这个运营模式：

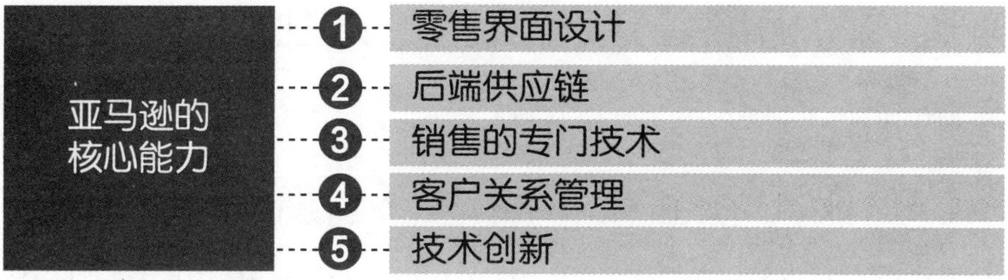

（1）亚马逊率先在网上显示顾客对产品的评价。同时，亚马逊采用恰当的营销手段，为消费者提供更全面的产品信息。

（2）亚马逊的内部物流运作良好，甚至可利用此核心能力为消费者提供第三方厂商相关服务，为企业创造额外的营收。

（3）亚马逊的商品销售能力高超，能使商品的平均售价低于其他零售商，同时积极销售主打商品与特惠商品。亚马逊非凡的销售能力是隐而不显的价值来源，许多亚马逊的观察者都忽略了这一点。

（4）亚马逊的客户关系管理系统是世界级的，几乎所有亚马逊销售的商品都会提供顾客的使用意见。亚马逊的付费会员服务为老顾客提供快速送达的优惠，这项创新可谓独步全球的网络销售概念。

（5）亚马逊也在不断进行创新，让运营能够达到最佳状态。亚马逊提供的许多尖端科技产品或服务（例如 Kindle 电子书阅读器、云端电脑服务）都是先由内部试行，然后才提供给顾客的。亚马逊通过持续内部研发与并购发展自身的技术能力。例如 2010 年时，亚马逊利用自己经营的地方货运车队，为美国 10 个主要城市提供“当天送达”的服务，而这也让亚马逊的付费会员能够享受到更多的服务，比如指定周六送货等等。亚马逊目前正在运用企业系统的分析能力评估提供当日送达的服务是否有助于盈利，让自己更具竞争优势。这些成绩证明亚马逊的创新能力有多么强大。

从取得竞争优势的角度来看，你确定的核心能力系统应包含 3 至 6 项让企业胜出的能力，而且企业应持续投资这些能力。在理想情况下，这些核心能力应该相辅相成，让企业朝向你所选择的市场策略迈进。优秀企业应该拥有一套稳固有力、方向明确的核心能力系统。

请注意，所谓的核心能力不只是一项简单的企业能力，而是企业以可靠的方式、持续达成特定结果的能力。企业的核心能力也不只单纯地依据资产来确定。因为如果资产是市场上唯一能够决定企业胜负的因素，那么任何想要进入新产业的大企业只要投入充裕资金就能保证一定成功。以主要的消费者市场来说，实际的情形并非如此。企业最重要的核心能力必定与众不同，是很少企业能掌握的优秀能力。核心能力包括了所有你的企业能够做到并与其他业者不同的地方，可以让你达成你所选择的市场策略。

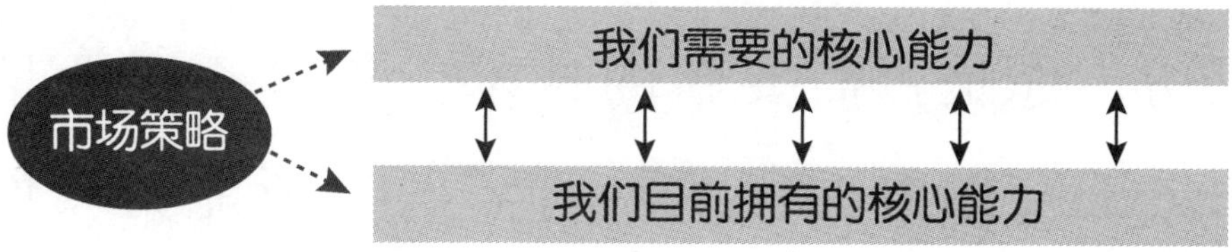

思考企业的核心能力系统时，一个关键的问

题是："我们需要的核心能力"与"我们目前拥有的核心能力"之间有什么差距。开始制订市场策略时，必须首先考量企业在这两方面仍存在的差距。你必须评估这些差距是否过大，是否会因此败给竞争对手。如果无法消除差距，你可能需要寻找新的市场策略。

消除差距的办法有：

◎仔细观察最有能力赢得市场的企业，找出这些企业将精力投注在哪些核心能力上，以及那些能力如何让它们成为市场赢家。

◎用严格的标准审视企业自身的核心能力，思考企业目前能做得比其他竞争者更好的地方。

◎找出可行的发展项目，以取得未来获胜所需要的其他核心能力，让自己独特的市场策略能够成功。你是否需要新的技术？你是否需要培训你的员工？你要如何发展所需的专业能力？你提出的项目是否实际可行？

◎找出目前尚未充分利用的核心能力。你是

否能将这些能力运用到企业其他地方从而得到良好的成效？同样的人力与同样的企业流程是否能用在更多的产品线上以改善你的财务表现？

P 合适的产品与服务

产品与服务最能够呈现企业的形象，因此许多企业都借由旗下产品与服务来定义自己，像是"我们是电信企业"或者"我们提供企业顾问服务"。我们很容易就会把产品与服务当作企业的骨干，但这样的做法会带来一些潜在的问题：

◎如果你用产品来定义自己，最后你的企业就会和业界其他所有企业一样，拥有相同的企业结构。

◎你的企业很可能会和其他企业一样面临相同的"成本无效率"问题。

◎你在设计市场策略时，将不得不让市场策略配合现有的系列产品。

◎如果市场变化影响到你的旗舰产品，企业将毫无退路。

如果你是用你选定的市场策略以及核心能力系统来定义企业，你的企业就更能保持特色并持续创造高利润，在市场发生变化时也能适当调适，不致使企业的定位受到冲击。你必须改变你对产品与服务的看法：产品及服务与你的策略匹配度愈高，其潜在的商业价值就愈高；评估你的产品与服务时，应该看它们能否运用到你的核心能力系统以及与你所采用的市场策略是否一致。

传统的分类通常是依据市场占有率以及市场成长率来定，而不是依据“一致性”。然而评估一系列产品与服务较理想、较具有前瞻性的做法是利用“一致性”矩阵：

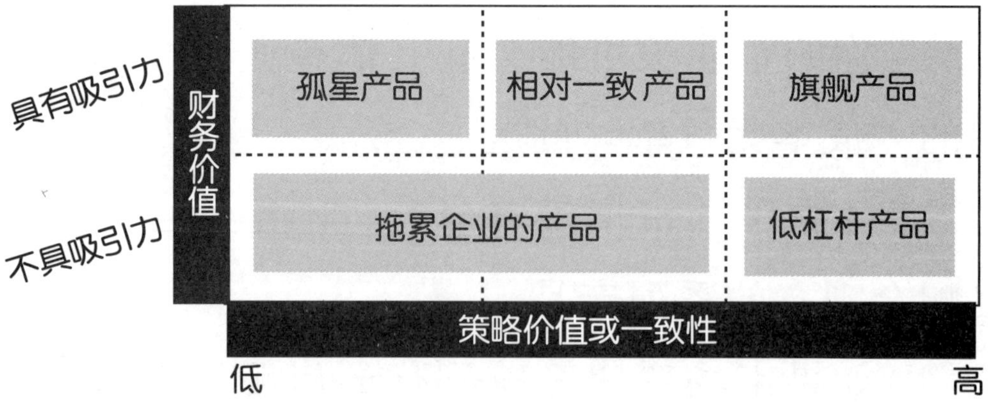

在此类矩阵中，Y 轴（财务价值）是对于未来现金流或预估获利的前瞻性评估，X 轴（策略价值或一致性）则是你的核心能力系统，能使产品或服务达到“差异化”的程度。

使用此类矩阵时，你的产品或服务会分为以下 5 大类别：

（1）孤星产品——一致性低但财务价值高的产品。这类产品可能价值颇高，但如果保留下来，会由于内部的不一致性而对企业不利，因为这类产品所需的投资与企业旗下其他产品并不相关。应寻求适当时机出售这些产品线，或是让它们成为独立的事业部。卖掉孤星产品可让企业减少分心，提高创造价值的能力，并让分割出去的事业能够有更好的发展。

（2）相对一致产品——表现良好，但只与企业的市场策略及核心能力系统部分一致的产品与服务。如果你认为这些产品或服务能持续击败竞争对手，或是它们潜在的出售价格并不吸引人，你可以保留并投资这些产品。如果不是这样，你应该完全淘汰这些产品线。另外，要记得小心观察这些产品，因为这些产品的相对优势可能会随着世界的改变而突然消失。

（3）旗舰产品——具有高财务价值与高一致性、企业主推后最有希望看到成效的产品。这类产品或服务已经是你的“明星”商品，你应该继续寻找令人振奋的新机会来刺激这些产品或服务的成长，以提升其地位。

（4）拖累企业的产品——具有低财务价值与低一致性的产品或服务。这些产品或服务会拖累你的企业，而且是造成“不一致性”的一大主因。你眼前的挑战，就是让这些产品不再使企业“失血”找出那些产品表现不理想的原因以及妥善处理的方式。你可以将这些产品线卖给比较重视这些产品线、拥有不同核心能力系统的企业，也可以选择完全放弃这些产品线。

（5）低杠杆产品——传统分析中比喻为“狗”

的产品。你可以再次评估，如果增加投资或是强化这些产品与核心能力系统之间的联结会不会产生制胜的条件。如果你能找到有力的企业案例，或是你准备好要进行必要投资，你也许有办法将这些产品提升为旗舰产品。若你没有这样的打算，就尽量先从这些低杠杆产品或服务中得到收益，直到你准备分割、卖出或关闭这些产品线为止。

你应采取理性与合乎逻辑的方法让你的产品、服务等系列产品与你的核心能力系统及市场策略一致。请作出调整，随时随地增加一致性。把目前能够让企业获利的产品或事业线卖出去可能令人难以割舍，但如果你真的不知道该如何发展那块事业使其发挥全部的潜能，这个做法将是你最好的选择。

关键思维

以核心能力为导向的策略代表着不一样的方向：找出你企业价值链的根本机制（也就是企业

最专精的领域）以及有效满足市场的机会，然后作出决策，让这两者能以一致的策略方式相结合。

不管企业的规模有多大，没有企业是无所不能的，总要有选择与取舍：找到并打造核心产品与服务。但企业的经营策略如果缺乏一致性，企业就无法决定要发展哪个产品或服务，无法形成统一的策略。真正“以核心能力为导向”的策略可以帮助你的企业以更容易的方式作出困难的决策。

这类策略不会舍弃长期的成功而换取短期的效益。经营策略一致的企业通常会经历快速的改善与爆发性成长，但我们的目标并不是让企业的获利数字快速提升，而是让企业以永续、可行的方式不断创造价值。

——保罗·莱文　钱赛·麦纳第

三　3 大做法让企业持续创造价值

让企业持续成长的 3 大方法为：(1) 增加营收。(2) 从事并购。(3) 削减成本以增强企业实力。在你努力让企业经营策略更具一致性时，这些方法可能会带来好处，但也可能带来坏处，一切取决于你如何运用。聪明的企业管理者会让企业成长，创造出更大的价值。

方法 1　增加营收

要让企业持续成长，一个显而易见的方法就是增加营业收入。你通常可以通过 4 种方法来增加营业收入：

(1) 发展企业的核心事业——提供更多利用现有核心能力系统的产品与服务，销售更多商品给你目前的客户。用一致的方式打入现有产品或服务尚未占据的领域。

（2）利用现有的核心能力寻找发展相关事业的新机会——尚未在新市场中供应但可利用现有的市场策略与核心能力系统提供的产品与服务。在理想情况下，这个方法应能补足或增强你现有的产品或服务。

（3）拓展你的市场范围，开始服务新市场——通过你的核心能力系统有潜力为企业创造价值的市场。

（4）建构新的核心能力——这些新的核心能力将会延伸或取代你现有的市场策略，提供新的成长平台。

这4种方法都可以增加营收。发展你的核心事业通常可以带来最多价值，寻找新机会、拓展市场范围、建构新的核心能力则会随着时间成本愈来愈高昂，风险也愈来愈高。企业在追求成长时如果能够考量到“经营策略的一致性”问题，就可创造最大价值。

制订企业成长计划时要考虑“企业专精的领

域”，而不是“企业目前拥有什么资产”。企业的核心能力永远都比资产更有弹性。成长机会出现时，你必须考量企业的核心能力才有办法抓住那些机会。

关键思维

以核心能力为导向的策略并非一成不变。相反的，如果你很清楚自己要如何创造价值，你将更能把握新的契机。你可以摆脱老旧的产品线，开发有把握成功的全新产品。

——保罗·莱文　钱赛·麦纳第

方法 2　从事并购

你应该将并购纳入企业的成长计划中。企业自身有机会成长当然最好，但一般很难年年如此。要想维持超越平均水平的投资回报率，通常需要其他成长的助力。聪明的企业会进行并购以取得新的核心能力，并提高企业的一致性。

亚马逊一直以来都能通过并购维持良好的企业成长。它的成功模式很值得研究。以下 4 种并购类型可提高企业经营策略的一致性：

（1）能帮助核心事业发展的并购——这类并购可让你以有效的方式重新部署自己的核心能力。亚马逊买下美国网络鞋店 Zappos 就是如此，尽管亚马逊当时已经拥有一间名为“Endless.com”的网络鞋店。亚马逊以自动机器人客服著称，但 Zappos 在每个网页上都注明免费电话，鼓励顾客打电话给客服人员。亚马逊借由并购 Zappos 为企业取得了新的核心能力，能够更有效地吸引顾客，并在未来切入新的市场。

（2）能结合现有核心能力拓展市场而进行的并购——如果你的市场策略与核心能力系统能运用在其他公司的某项新产品或新服务上，你不妨将其买下。亚马逊并购二手图书交易网站 Abe Books 就是这类例子。这桩并购案让亚马逊得以进入二手、珍本与绝版书市场，扩展了亚马逊旗下的书籍交易网络。

（3）能拓展你的市场范围的并购——亚马逊买下中国最大网络书店卓越网即是此例。这桩并购案帮助亚马逊在中国建立物流、递送与付款服务的能力，而中国正是未来强大的新兴市场。

（4）能让你建立新的核心能力的并购——新的核心能力可以延伸或取代你现有的市场策略，亚马逊买下有声书供应商可听便是一例。可听协助亚马逊开发了 Kindle 电子书阅读器的有声功能。

要让并购的策略具有一致性，必须做到以下几点：

（1）切实评估核心能力的成长性，而不是只着眼于财务指标。

（2）并购完成后要加强整合，将整合两家企业的核心能力视为优先事项。要事先想好哪些核心能力必须保留，尽量留下关键人物，并在并购完成后针对那些核心能力投注更多资金。你应该努力提升当初促使你并购的那些核心能力。

（3）你所制订的降低成本方案应该要能提升而非减损企业的一致性。精简企业的时候，应该只针对那些无益于市场策略与核心能力系统的企业功能。

方法 3　削减成本以增强企业实力

那么该如何削减成本，同时让企业变得更强大，且经营策略更一致？答案是在整个经营过程中，你都必须不断以新的角度来检视各种支出。

（1）首先，将你的成本分为以下 4 大类：

◎基本开支——让企业能够维持运营的最低成本。（占总成本 10％—20％）

◎“桌面筹码”——让企业能够保持业界地位的各项成本。（占总成本 20％—30％）

◎以核心能力为导向的成本——支撑企业市场策略与核心能力系统的成本。（占总成本 20％—30％）

◎其他成本——不属于以上类别的成本。

（占总成本 30%—50%）

（2）列出你所有其他的支出，计算如果你删去这些支出可以省下多少钱。

（3）一项一项检视，决定哪些支出可以保留，哪些又应该删去。考量每个项目的利弊得失以及风险，并列出更新后的支出清单。

（4）将基本开支及“桌面筹码”支出加入新的支出清单。仔细检查清单，看看有没有哪些项目可以用更便宜的价格外包，或调整到更低水平。

（5）检视你准备加强核心能力的各项投资。投资的财源来自目前支出的删减部分。思考要怎么做，才能将投资的附加价值提升到最大。

（6）最后，再次检视所有你决定删减的支出项目，问自己有哪些支出需要保留。想一想那些开支是否只是历史的产物而没有人认真思考过它存在的理由。你最终的目的是要让所有支出都能带来附加好处。

企业绝对可以删减成本，同时变得更强大。你唯一要做的就是删减用在错误地方的投资，并增加用于核心能力系统建设的投资。以此方法经营企业，一切自然会水到渠成。

关键思维

成本与经营策略密切相关。不必要的成本是你的敌人，它会吃掉利润，还会加强企业的不一致性，使企业无法专心发展核心能力系统以及市场策略。有些人认为削减成本通常会让企业变得更脆弱并且更受限，但我不赞同这个观点。如果处理得当，削减成本应该能提升企业的表现，让企业变得更强大。如果你致力于强化你的市场策略以及核心能力系统，削减成本是一个不错的助益手段。

——保罗·莱文　钱赛·麦纳第

四　5 大步骤让企业经营更一致

让“以核心能力为导向”的策略深入企业内部的方法共有 5 大步骤：发掘、评估、选择、转变和发展。

步骤 1　发掘：了解你的情况并提出假设

召集挑选过的核心人士组成团队进行这项工作，向他们说明你期望企业发展的范围与广度。你可能需要从基层做起，然后才能让整个企业朝向“一致化”前进。例如，你可以先从某个事业部门开始，然后再进行扩展。

团队已就位并且你也定下范围与目的后，就要着手分析以下 3 大要素：

◎市场——检视现有的顾客、潜在的顾客、主管机关以及竞争对手的状况。要了解市场动态，还有竞争对手已采取哪些做法来创造价值，同时分析定价与成长的机会。

◎成长机会——让众人集思广益，找出几种方法来帮助企业成长，包括增强企业核心能力、进入符合企业核心能力的相关市场、拓展市场范围、进行并购等。

◎企业核心能力——全力在企业目前已擅长的领域发展，仔细检视企业的几种市场策略并从中寻找新的商机，以合理运用企业独特的核心能力。

进行这三个方面的分析后，你将能形成假设，找出未来可以获利的方法。集合所有的假设，进行讨论，从完整的非正式或正式的假设中挑出3～5项看起来最可行的。各种假设应互有差异，不能是主题相同、仅细节略有不同。替每个初步的假设定下名称，并写下一段说明，方便大家进一步讨论。最后反复讨论并修改最后入选的假设方案。

步骤 2　评估：检验与修订假设

进行这个步骤时，必须深入验证你的假设。请从 4 个方面检视每项假设：

◎ 这项假设是否能善用企业的核心能力系统。

◎ 这项假设是否让你具有竞争优势或制胜能力。

◎ 这项假设的财务前景如何。

◎ 采取此方法会产生什么风险。

深入验证后，剔除显然不可行的假设。进入这个阶段的尾声时，你的核心团队应能说出每一项假设的优点与风险。如果筹划及执行得当，有些假设将可为你的企业增加制胜能力，这类假设才是你要留下的。

步骤 3　选择：决定投入策略的方向

进入第 3 阶段时你的假设应该已经成为完整的备选项。你应该已有几项可行的策略、好几套可获利的核心能力系统以及几项可运用核心能力系统的产品与服务。现在是时候让企业的高级管理团队检视这些备选项并作出决定了。

这类重大决策往往难以决定，你应该准备以下事项以协助高层管理团队作出决策：

◎举行企业策略讨论会，针对每一项新的市场策略深入探讨。

◎讨论所有可能的未来，试想如果选择了某条路，企业5年后会是什么情况。

◎提出所有与执行有关的压力测试信息——每项不同的策略会带来什么挑战，潜在的回报又是什么。

◎详细说明可行的发展方向。

步骤4　转变：展开执行的行动

在第4阶段的尾声，你的企业应该已经经历过如下事项：调整组织架构，重新订出所有目标与奖励项目，决定如何重新分配资源给关键的核心能力，制订详细的计划以达成主要的成长目标。以上所有事项都明确指示企业的每位员工要致力达到经营策略的一致性。

你在这个阶段显然会遇到一些阻力，因为你要根据新策略重新组织你的企业。当你提出种种改变时，必然会出现许多不同的声音。但只要你表明决心，坚定地告诉大家企业要往哪里去，员工就会开始重新自我定位。

步骤 5　发展：持续发展新的一致性策略

到了“发展”阶段时，你的企业正致力执行新的策略、建构核心能力系统，并开始品尝成功的果实。与此同时，世界会持续改变，又会有新的挑战出现。为了让企业继续进步，你必须不断作出新的决策，往新的方向前进，防止企业回到原点。

“发展”阶段永远不会有终止的一天。你必须将企业一致性的持续视为优先事项，让各种行动增强而非减弱企业的一致性。通过调整、改善并延伸你的创新能力，一直朝“创造新的企业成长”这一目标前进。

最后两点请谨记在心：

（1）你迟早会发现，你的组织架构是企业经营能否实践一致性的关键。作好准备，你将必须重新建构组织架构，让组织架构能够支持新的市场策略，并让企业的核心能力系统发挥最大的效用。请投入心力，在企业每个层面进行非正式的对话，以强化新的架构，吸引人才加入企业。别忘了，你也必须重新调整人才招募的政策，以寻找并培养具有专门技能的人才，让企业拥有世界顶尖的核心能力。

（2）要保持领导风格一致。你和企业内外进行沟通时，要清楚阐述你的经营策略，用简单、直接的语句来说明你的目的。建立企业的固定流程与奖励制度并善加沟通，会让企业朝着“一致性”迈进。做事的方法要一致并可预测；不要凭借个人魅力来鼓舞企业同仁，而是要以目标为导向鼓励大家朝更远大的成功迈进。领导一群有目标、有创造力的员工迈向成功之路，是十分美好的人生经验。请享受这段旅程，并扮演好领导的角色。

延伸阅读

揭开竞争的面纱

制订经营策略之前，企业必须先厘清一个问题：进入这个市场是否存在障碍？如果没有，胜出的关键就在于企业的运作效率；如果有，决策重心就在如何充分运用竞争优势。要拟订良好策略，必须思考下列几项问题：

（1）我们有竞争优势吗？

思考策略的首要工作是了解自己是否具有竞争优势，以及竞争优势的形态如何。事实上，竞争优势不仅稀有，而且通常都有地域限制。因此，大部分企业会将提高效率作为发展策略的第一要务。

（2）有一家独大的厂商吗？

通常，企业无法享有绝对的优势。这时，策略成功与否的关键就在于自己与其他同业者过招的功力。企业可以运用下列 3 种方法：

◎赛局理论——让彼此更清楚对方采取行动的真正意图。

◎进入市场先发制人——新进厂商必须厚植实力。

◎协议合作——除了尽力创造最大共同利益，还要公平分配利润。

（3）我们是市场中独大的企业吗？

利用下列3种方法，检视自己是否具有竞争优势：

检测1——描绘产业生态图，找出所属的市场在哪里、竞争对手有哪些。

检测2——找出市场上是否有企业独享高额市场占有率与高额利润。

检测3——找出自己或对手具备竞争优势的可能原因。

（4）我们有没有尽力提升竞争优势？

只要企业能厘清自己的竞争环境、凸显自己的竞争优势，就能作出更好的投资决策，无论是要合并还是收购，要投资新创事业还是要扩展品牌。

观点：善用赛局理论创造双赢

几乎没有一家公司在产业中独大或没有竞争对手，因此也不会有公司享有决定性的竞争优势。作者建议新进入市场的竞争者应采取较低姿态，以减少原本市场中领导者的抵制行动。其中所提到的“赛局理论”，正是奥曼和谢林获得2005年诺贝尔经济学奖的理论。赛局理论彰显的是尊重协商、互惠互利、最终双赢，这样的做法可避免厂商之间正面冲突。用合作取代竞争，最终的希望是能扩大市场，让大家都获得更多的利益。当然，在现实世界中合作往往不是件容易的事。合作的利润应该依照每家公司的实力与大小而成等比分配；另外，任何一个合作关系中，如果有某方始终无法扮演好应有的角色，合作关系终究还是会破裂，弱者终将被淘汰。